自由で責任あるメディア

マスメディア（新聞・ラジオ・映画・雑誌・書籍）に関する一般報告書

著　米国プレスの自由調査委員会

訳　渡辺武達

THE COMMISSION ON FREEDOM OF THE PRESS

A FREE AND RESPONSIBLE PRESS

A General Report on Mass Communication: Newspapers, Radio, Motion Pictures, Magazines, and Books

論創社

米国プレスの自由調査委員会 著

自由で責任あるメディア

〜マスメディア（新聞・ラジオ・映画・雑誌・書籍）に関する一般報告書〜

英語オリジナル版：シカゴ大学出版部
1947 年発行

"If there is ever to be an amelioration of the condition of mankind, philosophers, theologians, legislators, politicians and moralists will find that the regulation of the press is the most difficult, dangerous and important problem they have to resolve. Mankind cannot now be governed without it, nor at present with it." John Adams to James Lloyd, February 11, 1815.

「もし人間社会の条件の改善をしようとすることがあるとすれば，哲学者・神学者・立法者・政治家・道学者のいずれもが，自分たちの解決すべきものとして，プレスの規制こそ最も困難で危険，かつ重要な問題であると考えるであろう。プレスなしに今日の人間社会の統治は不可能だし，現在のままのプレスではあるべき統治は不可能だからである」。1815 年 2 月 11 日付，ジョン・アダムズがジェームズ・ロイドに宛てた書簡より。

まえがき

一九四二年一二月、タイム社のヘンリー・R・ルースがプレスの自由の現状と将来の展望について調査・研究することを私に提案した。私が委員を選び、一年後にこの調査委員会が活動を開始した。

この委員会の活動資金はタイム社からの二〇万ドルおよびブリタニカ百科事典社からの一万五、〇〇〇ドルの助成金によりまかなわれた。この金はいったんシカゴ大学に振り込まれ、大学を通して支出された。タイム社・ブリタニカ百科事典社・シカゴ大学のいずれも本委員会による調査の進行あるいは結論に対して何らの干渉もせず、責任者としての立場を主張することもなかった。

委員会は第一回会合において、主要なマスメディア機関、すなわちラジオ・新聞・映画・雑誌・書籍をその調査対象とすることを決定した。本委員会による刊行物に「プレス」という言葉が使われている場合、それはいつでもこれらすべてのメディアのことを指している。

本委員会は精緻な「リサーチ」を行ったわけではない。情報の足らぬところを補完したり、議論の途中で出てきた疑問に答えられる事実を探索したにすぎない。本委員会は全体会議または分科会において、プレスに関係している五八名の男女の証言を聴いた。また本委員会の事務局担当職員はプレスに関心をもつ実業界・政府・民間機関の二二五名以上にインタビューし、それを記録として残した。さらに本委員会は一七回にわたり二日ないし三日連続の会議を開き、委員や職員が準備した一七六の資料を検討した。

本委員会はこの一般報告書に委員会の結論を理解するために必要なプレスに関する事実だけを記述しておくことにした。委員会は本報告書において初歩的もしくは簡単すぎると思われる説明しかしなかったことをよく承知しており、さらに詳しい情報を求める読者は後掲の特別研究報告書を参照されたい。

世界的危機の現状に直面し、本委員会は今回の研究の範囲を公共問題に関する国民教育においてマスメディアが果たすべき役割に絞った。もちろん、本委員会がアメリカのプレスとアメリカ文化との相関関係を取り扱う研究をやろうとすればそれは可能であった。もしそうしたアプローチでの研究をしたとすれば、それはアメリカ文化の現状を分析し、マスメディア機関があらゆる市民のあらゆる生活の場面においてその思想と感情に影響を与えるアメリカの環境の一部となったという劇的変化を強調したことであろう。

本報告書は、世論形成活動にあたり、プレスのオーナーと経営者が良心と公共善に対して負うべき責任について記したものである。プレスのオーナーと経営者がアメリカ文化に対して負っている責任には、この報告書に概説したとおり、じつに重大なものがある。

本委員会は、マスメディア機関がアメリカ文化とアメリカ世論の形成に関わっているいくつかの力の一つにすぎないことを知っている。しかし、マスメディアを全体として考えてみると、単一の影響力としては今日、それがおそらく最大のものであるといえよう。彼らは学校や教会のような他の機関が利用していない新しい機器を自由に使い、ますますその勢力を強化している。同時期にプレス以外の諸勢力が十分な伸びを見せなかったという事実は、疑いなく、プレスのみが相対的にその力を急激に増大させたということである。例を挙げれば、もし学校が国民教育に今以上の貢献をしてきたとすれば、アメリカ文化の水準を引き上げたり、さらにはわが国の市民に正確で十分な政治・経済・社会についての情報を提供するというプレスの責任は著しく違ったものになっていたであろう。その意味では、本委員会がここでプレスの責任を指摘するからといって、他の機関に社会的現状に対する責任がないということではない。プレスの影響力が相対的に大きいため、プレスはそれ相応の義務を果たさねばならないということなのである。

本委員会は公共情報の流通に興味を持っているが、同時に、思想の流通についても関心がある。「文明化社会は多様な思想の活動体系である。それは思想を消化しながら生き、変化する。だから、文明化社会はその構成員が持っている思想を可能なかぎり相互に検証できるようにしなければならない」。本委員会は、現代生活の忌むべき汚点がマスメディア機関による、市民を溺死させかねないほどの言葉の洪水であることをよく承知している。それについて批判的言辞を述べようとしないものは、プレス業界に知己があったり、すでに相当の名声を得ているか、その背後に活発な圧力集団が控えている人たちであり、彼らには現状で問題はないと発言する場が与えられている。その反対に、何かを言おうとし、それがプレスのオーナー・編集者・反対圧力集団や、民衆による偏った考え方に批判的なものであれば、その意見をマスメディアで公表することには困難が伴う。したがって、マスメディア機関がこうした背景によって批判的な言辞を吐かない人たちに発言させることは、プレスの自由がマスメディアに与えた権利であるとか、それがすぐれた公共政策だからであるという考え方を本報告書が支持しているとは受け取ってもらいたくない。近代のプレスの影響力はきわめて大きく、大規模なマスメディア機関ならそのオーナーが賛同しない考え方の発表にも配慮するということが必要なのである。そうしなければ反対意見には公正な機会が与えられなくなってしまう。ただし、本委員会は多様な考え方を聴く機会を得たいとは思うが、議論の混乱を拡大させるだけのものに関心があるわけではない。

本委員会の勧告には驚くほどのことは何も書かれていない。ここで最も驚くべきことは、これ以上驚くようなことが何も勧告できなかったということである。記されている事項はやろうと思えば適切な実行が可能なことばかりだと本委員会では考える。したがって、一番大切なことはこれらの事項が実行に移されることであり、現在、プレスの自由を脅かしているこうしたことの無視を止め、プレスの社会に対する道義的責任について真摯かつ継続的な注意を払っていくことである。

この一般報告書は協同作業の成果であり、報告内容の一行一行が会議や文書による検討を重ねて作られたものである。この報告書の内容および勧告事項に関するかぎり、本委員会委員の意見は完全に一致した。もちろん、このような共同発表ではなく、それぞれ独自の発表をしたとすれば、各人独特の表現法による違いは避けられなかっただろうし、あちこちで文体や強調点において多少の違いが出たことであろう。

この一般的報告書の他に、本委員会はシカゴ大学出版部を通じて次のような特別研究報告書（訳注1）を発行の予定であり、すでに発行したものもある。


『プレスの自由：その原則的枠組』ウィリアム・アーネスト・ホッキング著。

『政府とマスコミュニケーション』ゼカライア・チェイフィー・Jr著。

『映画の自由』ルース・A・イングリス著。

『諸民族間の対話』ルウェリン・ホワイト、ロバート・D・レイ共著。

『アメリカのラジオ』ルウェリン・ホワイト著。

『アメリカのプレスとサンフランシスコ会議』ミルトン・D・スチュアート著、序文はハロルド・D・ラズウェルが執筆。

これらの特別研究報告書は本委員会の財政支援による刊行であるが、本委員会委員は各研究の前書または序文に署名入りで書いていること以外の内容にはいっさいの責任を負わない。

委員長 ロバート・M・ハッチンス
イリノイ州シカゴ市にて
一九四六年一二月一〇日

（訳注1）原著の「補論」（本書収録）の末尾には「委員会の出版物」（PUBLICATIONS OF THE COMMISSION）として、これまでに出版されたもの、出版予定のものを含め特別研究報告書のタイトルおよび内容の紹介がある。タイトルはこの「まえがき」の末尾にも記されているので、以下にその英文表記を記しておく。ただし、このうち、The American Press and the San Francisco Conference だけは二〇〇八年現在にいたるも未刊である。*Freedom of the Press: A Framework of Principle* by William Ernest Hocking, *Government and Mass Communications* by Zechariah Chafee, Jr., *Freedom of the Movies* by Ruth A. Inglis, *Peoples Speaking to Peoples* by Llewellyn White and Robert D. Leigh, *The American Radio* by Llewellyn White, *The American Press and the San Francisco Conference* by Milton D. Stewart, with an Introduction by Harold D. Lasswell.

目　次

第3章　コミュニケーション革命　33

装丁　野村　浩

用語法での「マスメディア」に近いものはそうした。「マスメディア機関」とした場合もある。communication（コミュニケーション）についても同様である。

medium：media の単数だが、media と共に本文では「メディア」とした。また本文中に単数扱いで、mass medium という表現があるが、common carrier (コモンキャリアー、公共伝送手段）の意味で使われている。また、mass media についてはそのまま「マスメディア」とした。

modern：まえがきにも本文中にも modern という語が頻出する。これは英語本来の意味からいえば「近代の……」ということになるが、本書では、歴史学上の近代というのではなく、現代（contemporary）という意味で使われていることが多い。本文中には contemporary という語も使われているが、ハッチンスにとっては同意語のようになっている。そのため、日本語訳としては前後の脈絡から使い分けた。

moral：一般に「道徳的」。そのまま「モラル」あるいは「倫理的」ともされるが、ここではその脈絡から多くを「道義的」とした。

press：現在では一般に「報道機関」を指すことが多いがかつては「新聞」のことであった。ハッチンス委員長による「まえがき」には、press とは「主要なマスメディア機関、すなわちラジオ・新聞・映画・雑誌・書籍」、つまり「マスメディア」の意味で使うとしている。本訳書ではそのまま「プレス」とすることを基本とし、脈絡に応じて、「報道」、「メディア」、「新聞」などとした。委員全員の署名のある「補論」部分にはこうある。「私たちが press という用語を使うときには、新聞・雑誌・書籍あるいはラジオ・テレビ・映画のいずれかを問わず、民衆に対し、ニュースや意見、心情や信条を伝える一切の手段を含めていることを了解されたい」。

public：公共性論のキーワードであり、論者によって使い分けが微妙に異なる。形容詞であれば、「公的な」あるいは「公衆の」となり、名詞では、「公衆」とされるが、本書での現実的な意味は「社会の」あるいは「社会的」ということが多い。また「市民」あるいは「人びと」としたほうが適切である場合はそのようにした（とくに第 6 章）が、学術論としては別の検討が必要である。渡辺武達『メディアと情報は誰のものか』（潮出版社、2000 年）の公共性論などを参照されたい。

public discussion：これは便宜的に、「公共的議論」、「公共的討論」もしくは「公開の議論」、「社会的議論（討論）」などとした。

responsibility：基本的に「責任」とした。会社などの場合、一般的には responsibility で、社会的責任、liability は株主をふくめた法的な有限責任、accountability は関係者の自覚と徹底した説明責任となる（奥村宏『無責任資本主義』東洋経済新報社）が、メディア論としてはそれほど単純ではない。

訳語凡例

abuse：法律用語では「濫用」だが、本書では一般的に「乱用」とした。
access：メディア学では「外部のものがメディア事業者側に意見を伝え、影響を与えること」で、ここではそのまま「アクセス」とした。
accountable, accountability：accountableとは「自己の社会的存在として果たすべき責任を自覚し、その説明が出来ていること」ということであり、文中では「責任を果たせる」、「自覚して責任を果たす」などとした。accountabilityは「社会的責任の自覚とその実行」あるいは文脈からそのまま「アカウンタビリティ」とした場合もある。
audience：一般に「読者・視聴者」、「メディアへの接触集団」のことだが、新聞の場合は「読者」、テレビの場合は「視聴者」、ラジオの場合は「聴取者」、インターネットホームページの場合は「閲覧者」などとなる。多くはそのまま「オーディエンス」としたが、必要な場合にはメディアによって使い分けた。旧訳（日本新聞協会版）では「対衆」などと訳されているが、現在では一般的日本語法ではないので、この新訳では採用しなかった。
communication：後述のmass communicationを参照。
community：報告書では、生活社会または地域社会の意味で使われていることが多い。訳語としては、そのまま「コミュニティ」もしくは「共同体」あるいは「生活社会」などとした。
contemporary：後述のmodernを参照。
duty：多くの場合、「責務」あるいは「義務」としたが文脈上、「義務感」あるいは「責任を負うこと」などとしたところもある。またresponsibilityは基本的に「責任」として、両者を区別した。
freedom：自由一般の概念であり、本書でもっとも多く使われる関係概念である。このfreedomとlibertyとの区別については、libertyの項目を参照されたい。
issuer：補論部分に頻出する語で、issueする人（情報を外へ出す人）の意味である。プレスの場合は「発行者」になるし、個人の場合は「発話者」になるが、両者を合わせて、（情報の）「発信者」となる。本書では適宜、それらを使い分けた。
liberty：「……から」自由になる、解放されるという意味である。対して、freedomは自由一般の概念である。だが日本語にすると両者ともに「自由」となってしまうことから、その両者の使い分けがなされている場合には（　）内に英語を入れて区別するようにした。
mass communication：文字通り、「マス・コミュニケーション」のことで、「マスコミ」のように短縮形で使われることが多いが、ここでは原意が今日的な

第1章　問題と諸原則

問　題

本調査委員会（以下、本委員会）は「プレスの自由は危機に瀕しているか」という問いに答えるつもりである。この問いに対する委員会の答えは「そうである」というもので、結論としてプレスの自由が以下の三つの理由により危機に瀕していると考える。

第一に、プレスがマスコミュニケーションの一手段として発展するにつれて、人びとにとってのプレスの重要性が飛躍的に増大してきた。と同時に、プレスを通して自分たちの意見や考えを述べられる人びとの割合が大幅に減少してきたこと。

第二に、マスコミュニケーション手段としてプレスの組織と施設（machinery）を使える少数の者たちは、社会の要請に応じた十分なサービスを提供してきていないこと。

第三に、プレスの組織と施設を支配している人たちは往々にして社会の非難を受けるような事、もしそれが継続されれば、必然的に社会がこれを取り締まるか統制するようになる事をやってきていること。

すべての人びとにとって欠かせぬほど重要な道具（instrument）が少数の者だけに利用できるものになっており、しかもそれがその少数者によって人びとの求めているサービスの提供をするという使われ方をされていないのであれば、その道具を保有している少数者の自由は社会的な規制の対象となるという危機に瀕していることになる。

プレスの自由におけるこうした危機はプレスの経済構造から来ていることもあるし、近代社会の産業組織の結果としての場合もある。さらにはプレスを支配する人たちが、近代の国家・国民がプレスに求める責任を認識・評価し、負おうとしていないことにもその原因がある。

ただし、私たちは、プレスの自由への危機があまりに大きく、その自由が一夜のうちに消し飛ばされてしまうほどだと思っているわけではない。私たちの見るところ、現在の危機は表現の自由を求める長い闘争の一つの段階にすぎない。プレスの自由は表現の自由の一部であるが、表現の自由そのものがこれまで絶えず危険にさらされてきた。じっさい、本委員会は将来とも表現の自由が危険にさらされないような社会状態は想像できない。自分自身のそれとは違う意見を抑圧しようとする欲望は絶えることがなく、おそらく根絶することは不可能であろう。

また私たちはこの問題に対する解決法が簡単に見つかるとは信じていない。国有とか国家管理とか国家的対処によって巨大マスメディア機関を解体すれば、プレスの自由の弊害を取り除くことができるかもしれないが、それらの行為には自由そのものを殺しかねない危険があることを覚悟しなければならない。後述するように、政府にはコミュニケーション活動において重要な役割を果たす責任があるのだが、主として私たちが関心をもった弊害の是正には、プレスならびに一般市民が主体的にその任に当たるべきだと考えたい。

もっともこうした危機は今に始まったことではないし、私たちの提起した是正策にも劇的効果をもつものなどないが、問題そのものは現代を生きる私たちにとってきわめて重要なものである。またこれは合衆国だけの問題ではなく、英国・日本・オーストラリア・オーストリア・フランス・ドイツなどの問題でもあり、またロシアおよびその勢力圏内の国々の問題でもある。その理由は明らかである。近代のプレスと近代社会との関係はまだ新しく、一般的によく理解されているとはいえないからである。

近代のプレスそれ自体は一つの新しい現象である。その典型的組織は大規模なマスメディア機関である。これらの機関は思想や議論を活発化させる手助けをすることができる。同時に、それらを抹殺することもできる。また文明の進歩を促すことも妨げることもできる。人類を堕落させたり、俗悪化することもできる。さらに世界平和を危険に陥れることもできるし、発作的に放心状態となり、偶発的にそうしてしまうこともできる。またニュースとその意味について誇大または過小に伝えることができるし、感情に訴えて火に油を注ぐようなこともできる。自己満足のフィクションやタブーを作り上げたり、偉人たちの言葉を誤用したり、空虚なスローガンを掲げたキャンペーンをすることもできる。新しい技術が利用できるようになるにつれて、プレスの活動範囲と権力は日ごとに大きくなっている。そうした機器の利用によって、私たちの祖先が米国憲法修正第一条の中にプレスの自由を神聖なものとして書き込んだときには想像もしていなかったほど早く、広範囲に嘘をまき散らすことができるようにもなっている。

そのような自己破壊の手段がプレスの側に握られている今日、私たち人類がいやしくも生存していこうとするならば、自制と節度、そして相互理解をもってするしかないであろう。人間はお互いの姿をプレスによって知る。プレスは人を扇動することもできるし、自らセンセーショナルで無責任になることもできる。だがもしそうなれば、プレスとプレスの自由は完全に自滅してしまうことになろう。反対に、プレスは今生みの苦しみにあえいでいる新しい世界を開くことでその責務を果たすこともできる。プレスは世界中の人びとにこの世界のことやお互いのことについて知らせたり、あらゆる人間の享受できる自由な社会の目標の理解を促進し、世界を一つのコミュニティにするために貢献することもできる。

国家が最高のものであり、個人は国家目的のための道具にすぎないという教義が復活したことを私たちは同時代人として見たばかりである。ドイツやイタリアに発現した全体主義が軍事的に敗れたというだけで、この教義がその影響力と魅力を失ったとは考えられない。現代の複雑な生活の中から何らかの道を見つけ、近代産業と結びついている権力の集中を抑制する必要がある。だが、そのことから、あたかもすべての問題を政府に任せてしまえば問題の解決は簡単だと人びとは思いやすい。

プレスの自由にとってこうした考えには大きな潜在的危険がある。プレスの自由は全体主義がまず打倒しようとするものなのである。しかしプレス自体にいろいろ問題となる条件が内在しているため、おそらくは意図することなく、全体主義へ向かう措置がとられるかもしれない。工業技術社会には経済力の集中が必要である。しかしこのような集中は民主主義への脅威となるから、民主主義は強大になり過ぎた力の中心を解体したり、統制したり、ときには自分で所有したりといった対応措置をとる。近代の社会は大規模なマスメディア機関を必要とする。これらの機関もまた権力の集中したものである。しかし広大なコミュニケーションのネットワークを解体することとは石油やタバコの独占形態を解体することとは違う。もし国民が、あるコミュニケーション企業が強大すぎるという理屈を作りあげて、それを解体しようとするならば、自分たちに必要なサービスを破壊することにもなりかねない。その上、そうした企業を破壊する行為には政府の関連省庁の要請とその手続きが必要だから、それら省庁からの政治的圧力が加わり、プレスの自由が脅かされる危険が相当に大きくなる。

もし近代社会が大規模なマスメディア機関を必要とするならば、こうした集中が非常に強大になることによって民主主義への脅威となり、しかも民主主義がそれらの機関をただ解体するだけでは問題が解決できないとすれば、こうした機関はみずから自制するかあるいは政府によって統制されねばならなくなる。もし政府による統制となれば、私たちは全体主義に対する自分たちの主要な防衛手段を失ってしまうことになるばかりか、全体主義に向かって大幅な一歩を踏み出すことになってしまう。(注1)

諸原則

プレスの自由は政治的自由にとって必要欠くべからざるものである。人間が相互に自分の思想を自由に伝えられなければ、自由の保障はなくなってしまう。表現の自由が存在してはじめて、自由な社会と自由をあらゆる方面に拡充する手段が存在するということである。だから表現の自由はあらゆる自由権の中でも特異なものである。これが他のすべての自由権を伸張し保護するものだからである。言論の自由とプレスの自由という項目がアメリカ憲法の権利の章典の第一条に含まれていることは当を得たことなのである。

文明化された社会とは多様な思想がうまく併存している体制のことである。また文明化社会はそれらの思想を消費しながら生存し変化する。だから文明化社会ではその社会の構成員が持っている思想は、その必要があればいつでも、できるだけ多く検証できるようにしておく必要がある。したがってその社会は思想の流れを妨げようとする一切の障害を取り除くために表現の自由が保障されていなければならない。加えて、思想の領域における重要な革新運動はたいてい抵抗に出会うものである。価値ある思想も最初に提起されたときには弁明できないほど粗雑で、ときには危険なことさえある。だが、そのような思想にも究極的には価値があるのだから、最初の状態を理由にして抹殺することなく、忌憚のない批判を受けて発展する機会を与える必要がある。思想を発表する人には特別の保護を与える必要があるということである。

批評家や革新運動家が反感をかう恐れのある理由は、そうした議論は受け入れるよりも抑圧したりこき下ろしたりするほうが簡単で、よくあるやり方であるというからだけではない。批評家や革新運動家とその発言を聞く人びと（オーディエンス）との間には常に非理性的な要素が存在しているからである。批判的あるいは新しい思想を発表しても、純粋な理性に訴えることができて感情的な反発を受けないということは滅多にないから、それに対する反応が必ずしもまともな議論になるわけではない。それがオーディアンスの側の知性・偏見・感情的偏向によるいつもの反応作用の一つなのである。だから、理性に訴えるプレスの自由とはいつでも大衆の激情と無知、卑俗性とシニシズムに訴えるプレスの自由のことだと解釈されるかもしれない。プレスの自由がたえず危険に瀕しているように、プレスの自由自体がたえず危険な性質を持っているということでもある。プレスの自由とはもし私たちが進取の気性を持って生きようとすれば、当然それが危険な生き方にならざるを得ないということの典型例なのである。

現行の社会的権力のいくつかの中核部分が思想の自由な流れをせき止めようとしている。それらの抑圧的影響力から表現の自由をまず守るべき当事者は政府である。政府は秩序を維持し、言論とプレスの自由のために行動することによって、サボタージュ・恐喝・腐敗行為といった個人的利益あるいは怨恨だけの表現に対して必要な制裁措置をとることになるわけである。

しかし自由を保護できる力をもったほどのものであれば、同時に、そのすべてが自由を脅かす力をもっていることにもなる。すべての近代政府はリベラルであろうと何であろうと、思想面において一定の決まった立場に立っている。そのため、政府に対する批判者の能力と説得力が高ければ高いほど、政府の安定性はその批判に対して弱いものとなる。普通選挙によって成立している政府はいずれもこの原則の例外ではない。したがって、こうした政府もまた、世論が政府存続の重大要素であるという理由から、公開で議論される思想やイメージを管理しようとする気持ちにかられるかもしれない。

もしプレスの自由を実現しようとするならば、政府は、プレスの声に干渉し、規制し、抑圧したり、あるいは民衆の判断の基礎となるような事実を操作するといった権能を自ら制限しなければならないということである。

政府が自らにそうした制限を課さねばならないのは、たんに表現の自由が社会の重要な利益の反映であるという理由からだけではなく、それが道義上の権利（moral right）だからである。表現の自由には義務という側面があるから道義的権利といえるのである。

表現の動機が必ずしも義務に忠実なものばかりではないことは確かである。その動機は人間の感情と同様に千差万別であり、謹厳なときも陽気であることもあろうし、思いつき程度のときも熟慮のうえでのこともあろう。また計算づくのときもあるだろうし、おざなり的なこともあるだろう。しかし一段と高い義務観念を持って対処すべきものがある。それが思想の表明である。ある人が伝えたい意見を心に持って悩んでいるとすれば、その人はそれを表現したいだろうし、表現されてしかるべきものである。思想家は自らの良心と公共善の立場からそうすべきなのである。表現する価値のある思想に不可欠な要素とは、当該社会だけではなく、それを超えて普遍的に通用すること、つまり真実がそこにあるということである。それは科学者が自分の研究結果に対して負う義務、ソクラテスが神命に対して負った義務と同じものである。それはすべての人間が自分の信条に対して負う義務であるともいえる。この義務は国家を超えた次元のものであるから、言論の自由とプレスの自由は国家が侵害してはならない道義上の権利だということになる。

自由な表現が道義的権利として法的地位を得られるのは、市民の良心こそ国家の活力の永続的な源泉だからである。自由なプレスが公共に公開された議論の場で、「虚偽に対する真実の勝利」を促進するというのがその伝統的な存在理由となっているが、それとはまったく別に、私たちは公共的議論が自由な社会の必要条件であるとともに、表現の自由は十分な公共的議論の必要条件だと考える。公開された討論を通して、人びとは精神的強さや寛容性を高めることができる。そうした議論は精神的に豊かな公衆を作り上げるために不可欠であり、それができなければ、自治・自律の社会は成立しない。以上のような過程における最初の問題提起をすることが、個々の思想家の自分の思想に対して持つ義務なのである。そしてここにこそ、思想家の権利が発生する根源的な理由があることになる。

とはいっても、すべての市民がプレスを所有したり、その編集者になったり、あるいはどのメディアのオーディエンスに対してもアクセスできる道義的もしくは法的な権利を保有しているということにはならない。しかし、ある考えがプレスを所有したり経営しているものたちの意見と同じでない場合でも、その考えに発表の機会を与えることはプレスの自由の存在目的そのものからして実行すべきことである。もしプレスを経営する人たちが自分たちの地位に与えられた特権として、言論の自由の過程で一般の注目を集めるようになった思想に耳を貸さないようであれば、それは自由なプレスとはいえないことになる。

しかし、公開の場での表現の自由という道義的権利は無条件に保障されるものではない。この権利が主張できる根拠は人びとが公共善や自分の思想に対して責任を負うことを前提としているから、その義務を怠ったり無視すれば、その権利も主張できなくなる。道義的な義務がないところには道義的な権利もないということである。だから、表現の自由という道義的権利を主張するものが嘘つきや、政治的判断を金銭授受によって変える卑劣漢あるいは憎悪や疑惑をたきつけるような誠意のない扇動家であれば、その主張は正当とは認められないし、その根拠を失うことにもなる。少なくとも道義的な見地からすれば、表現の自由には政治的な意図を持って嘘をつくという権利は含まれていない。

公開の場での表現の自由権にはたとえ間違いをおかしてもやむを得ないという権利が含まれている。自由は試行錯誤によって進歩する。たとえ誤った意見でも、そのときは正しいと思っている人たちがそれを発表できなければ、議論は成り立たない。誤っている人も実際には真実を求めているのだと考えるところに、自由を求めることの本義が存在している。逆に言えば、故意または無責任に過ちを犯す権利は道義的権利には含まれないということである。

しかし道義的権利が失われても、法的権利は残ることがある。法的な保護は個人の内心における道義面における考え方に変化が起きたとしても、それに応じて変わるものではない。ある人物が自分の権利を主張する道義的根拠を棄てたとしても法的保護が停止されるとは限らない。たとえ可能だとしても、責任を持って行使できる自由の範囲が法律で限定されるのは望ましいことではない。というのは、もしそうなると、あらゆる自由国家に不可欠な要素としての自由意志による自主規制自体が制度となってしまうからである。

プレスの自由はきわめて多様な目的によって社会的認知を受けたものだが、虚偽で打算的かつ悪質な表現が公開の形でなされ、それが「プレスの自由」を隠れ蓑にすることが引き続き起きることであろう。そうした表現には道義的権利などないのだが、かといって法的権利を制限することはその悪弊をさらに進行させかねない。新しく権利の乱用とは何かを定義したとしても、定義が一人歩きするだけである。もし法廷が個人の意志の中にある腐敗部分を裁かなければならなくなれば、率直で必要な批判の実行にはさらに大きな危険が伴うことになる。

こうした考え方はプレスの乱用を抑制するために法的手段を用いるべきではないという立場をとることになるものだが、法的な許容にも限界がある。表現の自由の誤用の法的な是正に関し今日一般的に認められているのは名誉毀損、不当表示、猥褻罪、暴動扇動罪、明白な危険が現存する場合の治安妨害等であるが、これらには一つの共通の原則がある。すなわち、口頭発言（utterance）または公的発表（publication）が重大かつ明白、もしくは歴然たる方法により個人の諸権利あるいは重要な公益を侵害する場合がそれである。権利乱用の罪の新しい適用範囲はこの定義で説明できるから、それに法的制裁を科しても問題はない。この場合の挙証責任はこれらの範囲を拡大しようとする側に生じるが、現代のプレスがその巨大な権力を新たなかたちで誤用する可能性があるとき、社会が見て見ぬふりをしていることは許されないだろう。

現状における諸原則

私たちが述べようとしてきた諸原則はあらゆる文明社会の目標として通用する一般的真理である。だが、プレスの自由はあらゆる社会あらゆる時代を通じて変わらない、不動かつ唯一無二の価値を持ったものではないことをここで確認しておきたい。この自由は社会内部の一機能であり、社会関係に応じて変化してしかるべきものである。またそれは一般的に社会的安定がある時機と危機に直面したときとでは違う扱いをうけるものであるし、民衆の感情や信条の状況変化に伴って性格を異にするであろう。

私たちが検討してきた自由とは、私たちにとって標準的かつ普遍的だと思われるかもしれないが、実は多くの点で私たちが経験してきた特定社会の産み出す社会心理の一つの形式、すなわち、相対立する意見の喧噪や混乱にも耐えられ、かつ多様で豊かな思想的財産の形成に資する理性的な議論から生まれた心的様式なのである。しかし、それは平穏であるときと心穏やかならざるときとでは、ある事実またはある意見をどう考えるかについて大いに異なったものになる。自己の置かれた環境に自信があるときと疑念や憤りにとらわれているときとでは違ってくるであろうし、無防備の状態にあるときと十分に批判できる態勢にあるときとでも違うものになる。希望があるときと絶望に苛まれているときとでも違ってくる。

さらに、市民にとって自分だけでプレスが提供する情報を判断しなければならないときと、自分の判断が他の社会機関によって支持されているときとでは対応の仕方が違ってくる。市民が教会・家庭・学校・習慣などを参考にして種々の思想や感情を解釈できるようにならなければ、自由で多様な言論は困惑をもたらすだけである。読者の精神がそこで取り扱われている対象をよく理解できなければ、プレスの「客観性」などあり得ないのである。

自由なプレスに社会的存在価値があるような心理的諸条件が時と場所を問わず存在するものかどうかは理論ではなく、常に事実の問題である。こうした心理的諸条件はなくなることも、新たに作り出されることもあろう。プレス自身がその存在価値の基底を破壊したり建設したりする上で大きな役割を果たすものの一つとなるからである。

もし仮に問題の場所と時間とを限定し、今日の合衆国のプレスを観察すれば、その社会とその社会のプレスの諸条件には前述の諸原則を新たに適用する必要があることがわかるであろう。

米国憲法修正第一条を支持した人たちの目的は政府が表現行為に干渉するのを防ぐことにあった。アメリカの政治制度を作った人たちは、自分たちが建設しようとした自由な社会は自由なコミュニケーションなしには存在しないことを理解していた。第三代大統領のトーマス・ジェファソンはこの点について次のように述べている。「我われの諸州政府の基礎は人びとの意見にあり、何をおいてもその権利を維持しなければならぬ。もし新聞のない政府を持つべきか、政府のない新聞を持つべきかの決定が私に委ねられたとすれば、私は躊躇することなく後者をとる。しかし同時に、誰もがこれら新聞を入手して読める条件ができていなくてはならぬということを言っておきたい」。

私たちの先人は政府がプレスの自由に干渉することを防ぐことができれば、その自由は効果的に行使されると考えたが、そのことは正しい。その当時には、何か言いたいことがある人が自分の意見を公表することはたいしてむずかしいことではなかった。自由な表現にとって唯一の深刻な障害は政府の検閲であった。その検閲さえ止めることができれば各人が自分の考えを述べるという義務を果たす権利は確保されていた。この時代のプレスなるものは、新聞のような定期刊行物でも不定期に出される片面印刷物でも、パンフレットでも書物でも、小さな印刷所による手刷りの発行であった。印刷機は安価だったから、日雇いの印刷工でも自分が店を構えるだけのわずかな金を借り入れ、手伝いを一人か二人雇えば、発行者や編集者になれた。文字の読める人の数が限られ、選挙権にも財産上の適格条件があったので、憲法を批准するために開かれた会議において投票できたのは当時の成人の六パーセントにも満たなかった。文字が読め、活動的な市民と、出版に携わるための資金を用立てできた者とはほとんど重なっていたということである。

当時は公共的事象に関して対立する見解の全部あるいはほとんど全部をどれか一つの新聞が代表しているとは考えられていなかった。いろいろな新聞が全体としてすべての意見を代表できるとの期待はできたが、もしそうならなかった場合には、自分の意見が掲載されなかった人は自分の印刷物でそれを発表することができたわけである。

また多くの市民がその居住地域のすべての新聞を購読するとは考えられていなかった。むしろ市民個々人が日頃の各自の考えを補強するような新聞をとる傾向があった。しかし、村や町の社会構造は比較的単純で近隣との接触が豊かであったから、ひざつき合わせての集まりでさまざまな意見交換ができた。そうした地域的意見交換の場を経て、真実が選び出されるという希望が持てた。

そのように多様な意見の交換ができ、思想の自由市場に個人が簡単にアクセスできるような環境が今では根本的に変わってしまい、私たちは、この国はコミュニケーション革命によって新たな状況を作りだしたと言えるようになった。

識字率や有権者、そして人口はこれほどまでに増加し、プレスがサービスできる相手も米国国民の全部になったが、それぞれのプレスがそれぞれの政治共同体として切り取られた小集団を相手にする状態となってしまった。プレスはその姿を変え、巨大かつ複雑な機構に組み込まれた。

その必然的な結果として、プレスはビッグビジネスになり、人口総数に比較してプレスの数の減少が顕著になっている。今でも小さな地域社会に昔の植民地時代に見られたような新聞社や新聞があるが、それらはもはや現在一般的になっている、もっとも影響力のあるメディア機関ではない。

自由に公開される表現の権利はかつての実体を失ってしまい、今では、政府による干渉から保護するだけでは、何か言いたい人に発言の機会を与えるという十分な保障にはならない。プレスのオーナーと経営者がどんな人に、どんな事実を、事実のどんな見方を、さらにはどんな思想を公衆に届けるかを決めるようになってしまっているからである。

こうした事象はコミュニケーション革命が自己の信条を発表する市民の権利に及ぼす影響の一面である。もう一つの面として、自由社会の構成員がその所属する社会の運営に参加するために必要な判断・意見・思想・情報などを受け、交換している事業体としてのプレスに与える影響がある。現在のプレスは米国全体に関わる公共的な事務処理に不可欠なものになっているという点がそれである。

地域的な問題では今でもその処理にひざつき合わせて相談をする機会がある。公式、非公式を問わず、多くの民間団体が、全国的な場合も地域限定の場合もふくめ、広範囲にわたる独自のいろいろな通信網をもっている。しかし、巨大都市や巨大国家、国際社会などでは、村や小さな州、統一のとれた国家などよりも、口頭で直接意見交換したりニュースを伝える機会が少ないことは明らかである。ニューハンプシャー・カンザス・オレゴン・アラバマ諸州在住の市民が中国・ロシア・英国・アルゼンチンの指導者や国民についてもっている知識のほとんどはマスメディアから得られるものである。また中西部の農民がデトロイトのストライキやワシントンの連邦準備制度理事会割引歩合の変更などを知るのも、同じくこれらのマスメディアによるものである。

現代産業社会は複雑な様相を見せ、危機的な世界情勢、自由に対する新たな脅威が生まれており、それらのことはプレスが新しい社会的責任を担うべき時機が到来したということを示唆している。

メディア所有の集中化が進み、ニュースや意見の発信源が多様、多彩ではなくなってきた。ところが同時に、ニュースや意見に対する市民の要求が高まってきている。市民は世界の出来ごと・思想・感情などを知るときだけではなく、市民としての義務を果たし、公共問題の判断に資する情報を得るときにも、提供されるニュースの質・バランス・範囲に影響される。市民の判断が健全であるかどうかによって、国家が自由社会として存続できるかどうかを含め、国家の活動や世界平和さえ左右される。こうした事情を考慮すると、プレス機関の活動を少数の経営者たちの勝手なやり方に委せたままでいいのかということが緊急に検討すべき課題となってくる。

メディアの経営者たちが自分たちの意見を述べる道義的法律的権利に干渉してはならない。たしかに、この権利はあらゆる社会生活の要として個人主義維持の神髄である。しかし、この権利に伴う義務という側面についてはあらためて検討する必要がある。また、ニュースの提供は意見の発表とは違い、これまで以上にその重要度を増してきた。十分かつ汚染のない精神の糧を求める市民の欲求はきわめて強く、そうしたニュースを得るのは義務でもあると感じている。このように、市民の関心いかんもこの権利の重要性の度合いを決めることになる。

今ではプレスを守ることが自動的に市民や社会を守ることにはならない。プレスの自由は、その発行者の権利が市民の権利や公共の利益と協調できるようになった場合にのみ、権利として認められるにすぎないものになってきたのである。

プレスの自由とは「……から」の、そして、「……のため」の自由のことである。プレスは外部のどこからの強制にも脅かされてはならない。プレスがその発表内容を歪めるおそれのある圧力から自由であることを求めることは、社会に権力的な主張をする勢力や思想があってはならないことを求めることである。しかしものごとを歪めようとする圧力は経済・民衆・聖職者・社会制度などいろいろな方面から絶え間なくあるから、それらを外部に知らせ、平衡を保つようにしなければならない。プレスが完全に自由であろうとすれば、プレス自体の経済的立場、集中所有、ピラミッド型機構などから起こりがちな偏見が何であるかを知り、それらを克服するようにしなければならないのである。

プレスは自由に、自身の考えでサービスと活動成果をあげなければならない。また、社会の維持と発展に自由に貢献できるようでなければならない。

それはプレスにはアカウンタビリティというものがあるということである。それはプレスが公衆のニーズに応じ、市民の権利や、意見がありながらプレスをもたないためにほとんど忘れられている論者の権利の維持に努めることによって社会的な責務を果たすということである。プレスはその欠点や失策が今では自分たちだけの勝手ではすまされず、社会の危険となったことを知る必要がある。独占化の傾向が進行し、プレスがその知識と意見交換の場を狭くするようなことになれば、プレスの声は他の声を伝えず、公衆にその社会的貢献ができないようにしてしまいかねない。これからの時代のプレスの自由は責任の果たせる自由でなければ意味がない。その道義的権利はこうした責任を引き受けてはじめて認められるわけである。プレスがその道義的な義務を果たしている限り、その法律上の権利に変更を加える必要はないであろう。

（注1）第三の可能性としては政府自身がそれに代わるコミュニケーションシステムを構築することになるかもしれない。本調査委員会では国際コミュニケーションのケースを除き、この可能性についてはほとんど考察を加えなかった。しかし、もし政府が現行の民間による国内向けサービスでは不十分だと考えているのであれば、ニューヨーク市が統括しているＷＮＹＣ局のケースを参考にすることができる。

第2章　要請事項

プレスの自由には自由社会が必要とする時事的な知識の供給責任が伴うとすれば、私たちは自由社会が何を必要としているかを検証しなければならない。今日のアメリカで社会が必要とするものは、過去のどの時代のどの社会よりもその種類と量と質において増加している。それらは米国という自治共和国が全国のどこにおいても求めている事項であり、今やこの共和国が何をしているかはここ三〇年ばかりの間に新たな重要性を加え、人びとの共通関心事となった。この国の内部の調整はこれまで個人的利害や市場による自動調整の自由競争原理によってなされるものだと考えられてきたが、今では経済であろうが何であろうが「自然法則」による調整が可能だとはとても思えないような権力さえもった組織集団間の競争や意識的な妥協で処理されるようになってきている。また対外的には、この共和国は突然にして、地球上のあらゆる国家が平和な関係を確立しようとしている努力の中で、指導的役割を果たさなければいけない立場になってしまった。

今日、私たちの社会がメディアに求めるものはつぎの五点である。（1）日々の出来ごとの意味について、他の事象との関連のなかで理解できるように、事実に忠実で、総合的かつ理知的に説明すること、（2）解説や批評を交換するためのフォーラムであること、（3）社会内部のいろいろな集団が相互にそれぞれの意見や態度を伝達できる手段となること、（4）社会の理想と価値観を提示し明確にすること、（5）プレスが提供する情報・思想・風潮の動きが社会の隅々にまで届くようになっていること。

本委員会は以上五つの理想的な要請が完全に満たされることになるかどうかには自信がない。ある一つのメディアがこれらのすべてを満たすことができるわけでもない。またその中のいくつかは特定企業体にはまったく期待できないものである。さらには、すべての項目がコミュニケーション産業の全部門に等しく適用できるものでもない。だが、本委員会は以上の基準がプレスの経営者にとってはじめて聞くものではないと考える。それらの大半は経営者たちの職務基準とか実務綱領から採ったものだからである。

日々の出来ごとの意味について、他の事象との関連のなかで理解できるように、事実に忠実で、総合的かつ理知的に説明すること

この第一の要請事項は、メディアは正確でなければならぬということである。メディアは嘘をついてはならないのだ。

これに関して出てくる責任体制の第一段階はニュースの取材にあたる記者である。記者は注意深く、有能でなければならない。そしてニュースの出所のどこがいちばん信頼に足るかを正しく判断しなければならない。記者は伝聞よりも自分で直接観察、入手したことを優先すべきである。また記者はどんな質問をし、どんな点を観察し、どの情報を報じたらよいかをわきまえていなければならない。また、記者を雇用する者には記者がその名に恥じない仕事をするように訓練する義務がある。

報道の正確性と同様に重要なことは、事実は事実、意見は意見としてできるだけ区分し、両者を判別できるようにすることである。このことは記者の取材情報から記事執筆・整理・デスク業務・編集作業、そして最後の刷り上がりに至るまでの全行程にわたって必要なことである。もちろんこの両者を完全に区別することはできない。事実といっても脈絡なしに独立しているわけで

はないし、記者の意見に影響されない事実の報道というものもないからである。しかし社会の現実状況はメディアが従来以上の努力によって事実と意見を区別することを求めている。かつての小さな社会では、その共同体内部で起きた出来ごとが報道された場合、人びとは他の出所による提供情報とそれとを比較することができた。ところが今日ではそういうことができなくなっているのが普通である。単独の事実だけが他との関連なしに説明された場合、それがどれだけ正確であったとしても、人に誤解を与えかねず、結果として事実に即さぬことにもなり得よう。

この点について一番危険なのは国際的に情報を伝達する場合である。現代のプレスはすべての国、とくに外交政策が多数の民衆の意向に影響されやすい民主主義国家においては、国際的事件を人びとがよく理解できるように報道するという責任を負っている。事実を「正直に」（truthfully）報道するだけでは十分ではないとさえいえる。今では、「事実」（the fact）についての「真相」（the truth）を報道することが必要となってきたのである。

米国においては、国内ニュースの報道の場合にもプレスにはこれと同様の責務の履行が期待される。米国にはその一部に相互に孤立している多数の集団があり、そうした集団は相互に理解を促進する必要がある。こうした孤立集団の行動について、個人的事実としては正確だが大枠としての社会的真実とはいえない説明がなされれば、それは他の集団からの反感を煽る結果になることがある。プレスがもし読者がある一つのことを正しい脈略で理解できるように報道しなければば、その単一の出来ごとが特定集団の全体行動の典型事例として解釈されてしまうことになってしまうからである。もしそのような報道がある集団の行動の典型例として理解されるようなら、プレスは日々の出来ごとの意味について、他の事象との関連のなかで理解できるように説明するという要請には応えていないことになる。

解説や批評を交換するためのフォーラムであること

第二の要請が意味するところは、巨大なマスメディア機関は自己を公開議論のコモンキャリアー（公共伝送手段）と考えるべきだということである。(注1) メディアの各機関はそれぞれに程度の違いはあるにせよ、この機能を当然のことだと考えてきたのだが、これまでよりもいっそう広範囲かつ明確な仕方でそうする責任があることを自覚すべきであろう。

自由社会において、一つの思想がその誕生時の条件によって窒息死させられることなどあってはならないことである。プレスはすべての人の思想を印刷することはできないし、またそんなことを期待するほうがおかしい。しかし巨大メディア機関は独自に自己主張をする権利をもっていると同時に、客観的報道の証として、たとえ自分たちの意見とは違うとしてもそれが意義ある意見であれば公表する義務をもっているし、もつべきであろう。アメリカ人たちに情報を伝える巨大メディア機関が多種多様かつ強力な支配力によって、自分たちと異なる思想を公表しなければ、そうした思想についてアメリカ人たちは知ることはできなくなってしまう。もしそのようなことが起きれば、これら巨大企業が自由を求める主要な理由の一つが消えてしまうことになる。

コモンキャリアーとしてのメディアの一機関にアクセスすることはいくつかの方法で可能である。しかしそれらのいずれもが、当該機関の経営者たちが選択権を行使できるものばかりである。論説面にその意見が反映されない個人の場合、ニュースとして報道される公開の言論・編集者への手紙・広告面を買い取った意見あるいは雑誌記事によってオーディエンス（読者）に自分の意見を伝えることができるかもしれない。しかしそれでは、紙面への掲載を求めるものの一部は間違いなく失望し、彼らの意見に耳を傾けようとする公衆に向けたパンフレットや謄写印刷等による宣伝物をやむなく作成するようになるに違いない。

しかし、社会のあらゆる重要な見解および利害事項はマスメディア機関によって伝えられるべきものである。ところが、こうした見解や利害をもっているものは自分たちの新聞やラジオ局を使って市民にそれらを説明することができない状態に置かれている。よしんば、彼らがメディア設立に必要な資金を用意できたとしても、彼らの刊行物や放送番組が彼らの支持者以外の人たちに読まれたり聴取されたりするという保証はどこにもない。理想的な状態は、たとえ自分たちの見解表明に熱心だとしても、それとは異なる見解も公平に提供するという総合メディアの存在である。それら総合メディアの公平さを検証し、重要問題を無視することの部分的補完をするものとして、より専門的な意見主張型メディアの存在が欠かせないものとなる。社会的にこうした組み合わせができない場合には、それぞれに孤立状態にある集団は依然としてその状態を改善できない。そうなれば、どこからも批判されない各集団の主張はそれぞれに強化され偏見となっていくだろう。だが、マスメディアがそのような集団を横断する情報を提供するようになれば、各集団が相互理解を深められるようになる。

プレスの一機関が意見主張型であろうとコモンキャリアー型であろうと、事実・意見・議論の出所を明らかにして報道することによって、読者や聴取者の判断に資することができるようにすべきであろう。事実・意見・議論を提供された人びとは、当然ながら、それらを提供した人たちの総合的な信頼度に影響される。もし記事の品格を評価されたいならば、その提供者が誰かが分かるようにしなければならない。

記事の出所の明示は自由社会にとって必要なことである。民主制は少なくとも平時にあっては、十分かつ自由に論議を尽くすことによって弱められるどころか、より強化されるのだということの正しさに確信を持つべきだろう。そうした論議が、民主制が希望するような効果を発揮し、真に十分かつ自由になされるためには、それに参加する者の名前と人物評（character）が隠されてはならないということである。

社会を構成する諸集団についての基本構図を描くこと

この要請は先の二つの要請と密接に関連している。民衆は多くの場合、そのイメージが気に入るか、そうでないかによって判断をする。彼らは事実と意見とをステレオタイプに結びつけて考える。現代では、映画・ラジオ・書籍・雑誌・新聞・漫画がそうした従来的な概念を創造し永続させる主たるアクター（能動者）である。それらの描くイメージが社会集団の真実の描写に失敗することになれば、民衆の判断が誤ってしまうことになる。

こうした失敗は間接的にも偶然にも起こり得る。たとえば、実際の映画のなかで中国人についての台詞による言及がないとしても、もし中国人が唾棄すべき麻薬中毒者や軍国主義者として何回も画面に登場するようなら、中国についてのイメージができあがってしまうから、公平化のためのイメージ提供が必要になる。もし全米で販売されている雑誌に掲載される物語において黒人が使用人としてのみ登場するなら、またラジオドラマで子どもがいつも不作法で始末に終えぬわんぱく小僧として描かれるならば、黒人やアメリカの子供のイメージは歪んだものになってしまう。ラジオや新聞の至急報あるいは広告欄や報道記事で、特別な意味合いをもたせたり、「憎悪」の言葉、たとえば「冷酷な」とか「混乱した」とか「官僚的」等の言葉を入れ込んだりすれば、それは必然的に同様のイメージ形成作用をすることになる。

ここで責任ある行為というのは、このように繰り返され強調されるイメージはその社会集団を全体としてあるがままに描写したものであるべきだという意味である。あらゆる社会集団についての真実は、弱点や欠点を含め、それら集団の価値や抱負、共通する人間性を描くことによって可能になる。本委員会はもし人びとがある特定集団の生活内部の真実を見せられれば、しだいにその集団に対する尊敬の念と理解を深めると信ずるものである。

社会の理想目標と価値を提示し明瞭にすること

プレスは私たちの社会全体の価値と目標に関しても同様の責任を有している。マスメディアが自らそうしたいと願うかどうかは別にして、日々の失敗や功績を報道する場合、それらの理想目標をときにはあいまいに、ときには明瞭にという手加減をする。(注2)本委員会はプレスにたいし、事実を感傷的に扱ったり、事実に手を加えることによってバラ色の描き方をせよと言っているのではない。本委員会は、プレスはそうした社会的目標達成のために活動するものだけではなく、それらを妨害する出来ごとや動きの事実報道にもあたるべきだと信じている。しかし同時に、私たちはマスメディアが教育の手段、おそらくはその分野での最強の手段であることを知っておかねばならない。だから、マスメディアは社会がそれに向かって努力する理想について触れ、評するにあたり、教育者と同様の責任を持つのは当然なことなのである。

時代の先端的情報への十分なアクセスを保障すること

現代産業社会の市民によって要求される時事的情報の量は過去のいかなる時代よりもはるかに大きくなっていることは明らかである。私たちはすべての市民がいつも、自分たちが受容する情報のすべてを活用するなどと言っているのではない。大多数の人びとは必要性もしくは自らの好みで、自発的に自分たちが信頼する指導者に分析や決定を委任している。私たちの社会のこうした指導の仕組みは自由に選択されたものであり、絶えず変化している。それは形式にとらわれず非公式的かつ柔軟性がある。その決定権をもっているのはいつでも個々の市民である。このように政治は市民の同意によって実行されるべきものである。

しかしこうした指導システムがニュースと意見の配布を広範におこなう必要度の高低を決めているわけではない。いったい誰がその指導者になるのかが決まっていないのだから、私たちはそれらの情報をすべての人びとにまずもって伝えることが必要なのである。

本章で列挙した以上五つの要請事項は私たちの社会がプレスにたいし要求して当然のことばかりである。以下、私たちはプレスが実際にこれらの要請に応えているかどうかを検証するため、プレスの設備・構造・活動を点検していくことにしたい。

その前に、今一度それらの要請事項を別の言い方で記しておくことにする。

アメリカ国民がプレスに要求するサービスの性格はこれまでに求められてきたサービスとは以下の点において異なっている。第一に、それが経済の運営および共和国政治にとって必須のものとなったこと。第二に、社会から必要とされる情報の質および量の両面においてますますその責任が増大してきたこと。量の点からいえば、アメリカ国民に提供されるアメリカ国民自身とその社会についての情報は、現在の世界と相互に密接な関係をもっている自治社会、産業社会の市民としての利害関係や配慮すべきことを満たすだけの広がりを持つべきだということである。質の点では、提供される情報が以上の観点への留意がなされたうえで、全体の位置づけとして真実であり、方法においても公正に説明がなされることによって、アメリカ国民が自己の理性と良心とに従って、自分たちの政府と生活のあるべき方向にとって必要な根本的な決定を自らなし得るようなものにするべきだということである。

（注1）本委員会はこのことを理由として、コモンキャリアーとしてのメディア機関が新聞紙面あるいは放送

時間を利用したいと申し込むすべての人びとを法律的義務として受け入れるべきだとか、利用料金の統制をすべきだと言っているわけではない。

（注2）私たちの社会の基本的価値を国民に繰り返し知らせる必要があるという驚くべきことがデンバーの全米世論研究所による世論調査により示唆されている。この調査において調査された人びとのうち三人に一人が新聞は平和なときでも米国型政治のやり方を批判することは許されないと考えている。わずか五七パーセントが米国社会党は平時においてのみ新聞発行を許されるとするだけである。他の世論調査が示すところでは、米国憲法の権利の章典条項を「ほぼ正確に理解」していたのは被調査者の四分の一以下であった。プレスがもっとも大切にしている価値としての「プレス自体の自由」について広範な人びとが無知なのである。その価値への理解をぼんやりとしかしていない人びとが読者の大半だということである。

第3章　コミュニケーション革命

機　材

技術が進歩してプレスが使えるようになった新しい機材はマスコミュニケーションの到達範囲や種類・速度を飛躍的に増大させた。そうした機材はメディア事業を巨大なビジネスとして成長させることにも貢献した。もっとも、技術の進歩と事業単位の規模の拡大はプレスに特有なものではなく、ほとんどあらゆる産業において起きたことである。ただし、プレスの変化の場合には他のあらゆる業界の技術や産業上の変化と、ときにはその原因者としてときにはその影響者として密接な関係があった。他業界の技術・産業的発展がプレスの全米規模における活動を可能にし、かつそれを求めさえしたから、マスコミュニケーションの新しい仕組みが開発できたのである。また、時々刻々と変わる新しい産業社会の対応が今度はマスメディア機関の広域的なネットワークの提供するサービスに依存するようになったわけである。

技術革命

マスコミュニケーションは一九世紀初頭の蒸気エンジン印刷機の発明によって可能となった。続いて、高速輪転印刷機、ライノタイプ（行単位に活字を鋳植する機械）や写真製版術が発明され、同時に陸上の有線電信・海底ケーブル・陸上の有線電話なども登場した。

私たちの世代になって開発されたものでは、無声に続いて有声の映画・電信・電話・音声放送に使用される無線通信・航空輸送・オフセットやカラー印刷などがある。こうした発展が相まって、従来の印刷された言葉に放送言語と動画が加わり、地球上のすべての地域を相互に数時間以内で結べる距離にしてしまった。

私たちは今、こうした技術革命のまっただ中にいる。この革命がいつ終わるかは分からない。戦争は一連の新発明を軍事的に利用した。しかしこの技術革命がもっている可能性については、戦時活動用から民生用への再転換が遅れていることや、民生利用にはさらなる実験が必要だということから、まだ十分な知見が得られていない。だが、いったん技術の進歩が実現するとそれが次の進歩を遅らせることがある。というのは、最初の発明に要した資本の額が貸借対照表から消えるまでは、現在の設備への投資が無駄になってしまう恐れから次の新しい技術開発が歓迎されないからである。今ある機械に投資した金額と熟練工たちの既得権益が新しい変化を鈍化させることが起きるということである。

海底ケーブルと陸上有線の敷設への莫大な投資が無線電信をもっとも安くかつ十分に利用することの妨げになってきたし、今なおそうである。同じ理由で、直接的な国際無線音声通信の開発は、戦争になってはじめてその利用がアメリカ国民に価値あるものだということが分かるまで、広告主の関心が薄く、促進されなかった。ライノタイプには従来の印刷機四、五台分の効率性があるのだが、労働組合の反対によって導入できないままである。また、徒弟制度の取り決めがあるため、製版術の改良が遅れている。FM放送の導入も戦時用の優先措置制度によってだけではなく、従来からのAMラジオ局のオーナーや組合によっても遅延させられてきたことは周知のことである。テレビとファクシミリ新聞についても同様の理由で、その一般利用が遅れるかどうかは現時点ではまだ何とも言えない。

しかし、こうした発明を十分に利用する時機が目前に迫ってきているし、それらが持っている社会への潜在的影響力には計りしれないものがある。

国際連合の審議状況を同時的に世界中の人びとに知らせるラジオ放送網を作ることは現在の技術で可能である。じっさい、ユネスコの米国内委員会はそうした放送網の設置を勧告した。

航空郵便や航空貨物便の技術が発達し、現在では人の住んでいるところなら地球上のどんな所へも、二、三日中に映画フィルムや定期刊行物を届けられる。雑誌の場合、ページごとに軽くて折れ曲がる素材（プラスチック）で版をとり、飛行機で各地の印刷所に運べるようになったので、実際の編集室での作業完了後四八時間以内に五大陸でまったく同じものを印刷、発行できるようになるだろう。

新式の書籍製造法を用いれば、世界中の人たちが一冊二五セント以下で、あらゆる国々の第一級の書物を手に入れることができるようになる。新聞でその実験をやってみれば、生産コストがさらに低減するであろうし、とくに小さな印刷所ではその効果が顕著になると思われる。

ＦＭラジオは技術的には今すぐにも一般利用に供することができる。この放送方式は強力な電波送信を必要とする人口密度の低い地域用を除き、従来のＡＭ（中波放送）と取り代えたほうがよい。ＦＭが技術的に優れている点は音質だけではなく、電波障害に強いことである。さらに、ＦＭ波を使用すれば、局を増やすことができるし、それぞれの地域に音量的にも同じサービスが可能である。加えて、地域の放送局のオーナーにも新規の参入が期待され、いっそう多彩な顔ぶれとなる。

もっと新しい発明であるパルス時間変調方式（ＰＴＭ）は一般家庭向け放送方式としてはまだ安定した技術とはなっていないが、これが実現すれば、間違いなく数年以内に一つのチャンネルで複数の番組の同時放送が可能になる。そうなれば各プログラムの放送コストが下がると同時に、同一地域で決まった時間に利用できる番組の種類が多くなる。

戦時の必要性がもたらした長距離無線送信の数々の進歩が大いに役立つことになった。それまで有線での送信能力は一分で平均四〇～六〇語であったが、無線ではそれが八〇〇語にも向上してきていた。空中の条件によって起きる送信障害も技師たちの創意工夫によってしだいに克服されてきた。文字や写真あるいはその両方が無線による四色使用可のファックスで送信できるようになり、書籍や雑誌のまるごと一冊がどんな言語であろうと、地球上のどこにでも送れるようになったのである。

戦争はまた、複数地点へのプレス同報システムを発達させた。そのことによって、ニュースが無線方式を使い、それまでの一地点から他の一地点へという状態から一つの発信元からある地域全体の受信者へ向けて送ることが可能になった。これがいかに大きな経費節減を可能にしたかは、国際電話電信会社の子会社がＦＣＣ（連邦通信委員会）に事業申請し、最近それが認可されたことからも分かることである。この同時複数アドレス送信プレスシステムの使用料金は一語につき一・五セントにしかならない。これは従来のいかなるサービス料金に比べても四分の一から一〇分の一である。またこの方式は、文化的な辺境地域にいる名もない編集者にもヨーロッパの首都の巨大出版社にも同一の安い費用で利用でき、しかも両者に質的な違いは起きない。ここ一〇～二〇年のあいだに、このようなサービスが国外向けのニュース送信の主な手段となるであろう。各国内の規制と業界団体のしきたりがあるために、今のところ、これが一般的に採用されないだけのことである。

ファクシミリ新聞も同様に、すぐ実現できるものである。この種の新聞がたとえば、仮に午前五時に地方ラジオ局の報道部に届けば、FM放送方式で送信され、各家庭の受信機からは自動的に縦横三対四に折りたたまれた新聞が出てきて、朝食のテーブルに間に合うであろう。これは普通の新聞よりも、時間的に早く、かつ回数も多く配信することができる。この印刷には高価な電動印刷機など必要ないし、読者に届けるためのニューススタンドも販売店もトラック・列車・飛行機なども必要ない。また農民も都市住民も質的に差のないニュースを手に入れることが可能になる。

さらにファクシミリ新聞にはそれほどの経費がかかるわけではない。この分野でのもっとも有能な専門家の一人であるジョン・V・L・ホーガンの見積もりによれば、この受信機はラジオ一体型レコードプレーヤーの値段である一〇〇～四〇〇ドルまで下がるであろうという。ファクシミリ新聞の用紙は受信者負担だが、今のところ四ページで四セントである。だが、ホーガンによれば、その値段は最終的には一部で一セントたらずになり、通常の新聞よりも事実上安くなるだろうという。

このファクシミリ新聞に比べると一般にはテレビのほうがよく知られているとはいえ、その発明の重要さがきちんと理解されているとはとても思えない。テレビはラジオの単なる改良品とか同類変種といったものではない。これはラジオと映画との合体物であって、マスコミュニケーションに新次元を拓くものである。出来ごとの形状・色・音が遅かれ早かれ、テレビによって再現され、世界中の家庭の膨大な数の人たちの目の前に届くことになる。地球上に相互に遠く離れて住んでいる人たちが、今は小さな共同体の中で住民同士がやっているような直接の意見交換をすることが可能になるであろう。

マスコミュニケーションの速度・量・種類はこれからますます増えていく。言葉とイメージの量と種類が個人の消費能力ではついていけないほどになってからすでに久しい。プレスがその組織と自ら伝播する情報の選択に対して負う責任がますます大きくなっているということである。同時に、それらを受け取りいつも選別しなければならない市民はこれまで以上に複雑な課題を背負わされることになるであろう。

私たちは、マスコミュニケーションの量と種類が増えさえすれば、即、相互理解が深まると考えるわけにはいかない。それは偏見と憎悪を強める報道をいっそう広めるかも知れないからである。だが、新しい道具はすでにできあがっているのだから、いずれにせよ、それらは使われることになる。歪んだ報道の是正は情報を減らすことではなく、増やすことによって可能となる。つまり、コミュニケーションの新しい道具を十分かつ責任ある仕方で利用し、世界の人びとにたいし相互に本当の姿と、彼らの間に起きていることの実相を理解させるようにすることが大事なのである。

組織

こうした技術上の変化は、ある意味では、コミュニケーションの多様化をもたらした。情報や意見は今では、複数の異なった経営者による異なったチャンネルによって提供されるようになっている。テレビとファクシミリ新聞はメディアの所有と経営の多様性をさらに増加させるであろう。こうした新しい機械がこれまでのメディアの装置を支配してきた人たちの所有となるとは限らないからである。

しかし、今日の通信事業についての顕著なことはその事業体の数が減少したという事実である。多くの地域では小さなプレス事業体がまったく姿を消してしまった。大都市にはそれぞれ二種ないし四種、小さい都市には二つほどの日刊紙があるが、多くの地域では一つだけである。ニュースは三つの大通信社に集められ、特集・呼び物記事はシンジケートによる中央発信地から供給されている。映画には八大会社があり、ラジオには四大全国ネット、雑誌では八～一五の、そして出版では五〜二五の大出版社がある。通信事業全体を見通しても、小さいものは周縁部にわずかに残っているにすぎず、新規に事業展開をしようとしても、制限があまりにもきびしい。以下、その詳細について、メディア部門別に述べることにする。

新聞の集中

一九〇九年以降ということで時期を区切れば、英語による日刊新聞の数はだいたい一定の率で減少してきている。これと時期を同じくして、識字率・人口・新聞発行部数がともに増加した。日刊紙の数は一九〇九年の二、六〇〇紙を頂点としてしだいに減少し、現在では一、七五〇紙である。この問題についてのR・B・ニクソン博士による最新の研究が『ジャーナリズム・クォータリー』誌の一九四五年六月号に発表されているが、それによれば、日刊紙が発行されている都市のうち競合紙のあるのはわずか一一七（約一二分の一）にすぎない。同博士はまた、全米で、どの都市にも日刊紙で競合紙のない州が一〇、日曜紙で競合紙がない州が二二にのぼることを報告している。日刊紙の総発行部数約四、八〇〇万部のうち、四〇パーセントが競合紙をもっていない。競合紙は比較的大きな都市に存在しているにすぎないのだ。

かつては全米で一六、〇〇〇以上あった週刊新聞のうち、一九一〇〜二〇年に二、五〇〇紙、一九二〇〜三〇年に一、九三〇紙、さらにその後の一〇年間に一、七五〇紙が姿を消した。今日残っているのは一〇、〇〇〇以下である。(注1)

雑誌と書籍の集中

いくつかの大出版社が最大部数を誇る雑誌を独占している。(注2) 先陣を切る出版社は八社だが、その中には、次のいわゆる「五大社」が含まれる。「レディズ・ホーム・ジャーナル」、「サタデイ・イブニング・ポスト」、「カントリー・ジェントルメン」、新「ホリデイ」を発行するカーティス社。「ライフ」、「タイム」、「フォーチュン」、「アーキテクチュアル・フォーラム」のタイム社。「コリアズ」、「アメリカン」、「ウーマンズ・ホーム・コンパニオン」のクロウェル・コリアズ社。「グッド・ハウスキーピング」、「ハーパーズ・バザー」、「ハウスビューティフル」、新「ジュニア・バザー」のハースト社。「マッコールズ・マガジン」、「レッド・ブック」のマッコールズ社である。この五社に続くものとして「リーダーズ・ダイジェスト」を挙げておきたい。というのは、この雑誌は、終戦当時、米国内で推定八五〇万の発行部数をもっていたほか、スペイン語・ポルトガル語・スウェーデン語・アラビア語・デンマーク語・フィンランド語版の合計で一五〇万部を発行していたからである。しかもこの雑誌はフィンランド語版を除き、その言語で出されている雑誌中で最大の発行部数を誇っていた。大会社としてはこれに続き、いろいろな農業関連雑誌をもつカパーグループ、またそれとはオーナーが違っているが「ファーム・ジャーナル」誌（前者と合わせ総発行部数が六〇〇万以上）が挙げられる。つい最近では、コロネット・エスクワイアーのグループが発行部数四〇〇万といわれる「コロネット」誌を有し、これらの集団に加わったといえよう。

三〇年前、メジャーな婦人雑誌はおよそ二四誌で、そのほかに、六種の大部数雑誌の一群が登場しつつあった。しかし今は、取り扱い分野を狭くした六大雑誌だけで総発行部数の九割近くを占めている。

今でも新雑誌の創刊事業は相当な興味をひくことであり、じっさい、創刊の試みはしばしばあるのだが、既存の大雑誌群が販売促進のための読者争奪戦においても有利な条件を確保している。

書籍出版の分野では競争地域の範囲は比較的広い。新出版社が次つぎと登場し、そのうち数社がいち早く経済的に成功している。米国ではおよそ二〇〇社で、全米の年間総書籍数の九〇パーセントを発行している。年間の総発行点数では四分の一以上が一〇大出版社によるものである。

取引額あるいは出版全般において、「ビッグファイブ」といわれる五社がある。その第一は、ダブルデー・ドーラン社で、一九四五年には四、〇〇〇万部を発行し、総売上が三、〇〇〇万ドル近くになった。これに次ぐ四社はマクミラン、ポケット・ブックス、ウィリアム・ワイズ、ハーパーズであるが、いずれもダブルデー・ドーランの規模には及ばない（ブック・オブ・ザ・マンス・クラブもこの一群に入れてもいいであろう）。教科書と予約出版の分野は一般出版の販売総量と同じかそれ以上のビジネスとなっているが、この方面でも上述の大出版社以外の固定した数社がその大部分を占めている。

技術専門書の分野ではマックグロー・ヒル社が特筆に値する。この社は関連書の二五パーセント近くを占めているほか、ビジネスと実業の分野でも支配的勢力を保持している。これらの雑誌の重要性を勘案すれば、この分野における集中の進行には注意をおこたるわけにはいかないだろう。

ラジオの競争とネットワーク

ラジオについては次の事実にその特異性がある。ラジオが送信障害なしに放送できる局数にはその本来の電波特性から限界があること、ならびに、こうした放送局間の競争が法律によって規制を受けているということである。その結果として、現在のところ、放送局の数は一、〇〇〇少々にすぎず、そのうち二五局だけがＩＡ級の明瞭な放送が可能だということである。また一地方においては一局、全国では八局を超える放送局の単独所有はFCC（連邦通信委員会）によって実質的に禁止されている。こうした事実があるにもかかわらず、コミュニケーション業界で一般的になっているやり方がラジオ業界にも及ぶことになった。各放送局に番組を提供するネットワークは、法令にしばられる自社の局を持っている場合と、契約によって系列下に置いている局を除き、FCCの権限の及ぶ範囲外にあるからである。過去二〇年以上の間に、NBC・CBS・ABC・MBSといった四大ネットワークが台頭してきた。全国的大広告主はどうしてもこうしたネットワークに引きつけられるという傾向があるのが自然だから、結果として、一、〇〇〇の放送局のうち八〇〇近くがラジオの全国チェーンとの特約関係をもつようになった。

映画の集中

映画には八大会社があるが、そのうち、ローズ（MGM）・RKO・ワーナーブラザーズ・パラマウント・二〇世紀フォックスの五社は製作と配給ならびに上映のすべてを行っている。コロンビアとユニバーサルの二社は製作と配給のみを行い、ユナイテッドアーティストは独立系プロダクションによる作品の配給と英国における上映を行っている。アメリカにおいては収容能力からみて五分の一近くを占める映画館が、これら八大社中の五製作会社と特約関係にある。都市の最もよい場所にあって、一番観客が多く、一番入場料が高くて、一番長いロング・ラン興行を行える映画館はこれら八大社の支配下にある。(注3)

チェーン展開

メディアの一部門における事業規模の巨大化は一つのメディア機関がそのまま大きくなったというようなものばかりではない。とくに新聞界と映画界に見られるもう一つのタイプは、一個人または一企業が一つまたは複数の都市で新聞その他のマスメディアを二つ以上所有する形態がそれである。これらは専門語で「チェーン所有」と呼ばれている。

全国的チェーンによって支配されている新聞の数は近年、実際には減少している。ハースト系チェーンの新聞の場合、ここ一〇年の不況時代に二六紙から一七紙に減っているし、スクリップス・ハワード系チェーンでは二三紙から一八紙に減少した。現在では、七紙以上の日刊紙に事業拡大しているのは一二チェーンに過ぎず、三〜四チェーン紙を除き、いずれも一地域内に限られている。

しかし、地域的チェーンの数、より正確な言い方をすれば、二〜一二の市町村でいろいろな新聞を一人で持っているオーナーの数は増加している。この種の複数所有は一九三五年に六三であったが、一九四五年には七六になった。そのうちの一四は、八紙ないしそれ以上の新聞チェーンを所有している者の単独所有であった。全部で七六の全国的・ブロック的・地方的規模のチェーンが合計三七五の日刊紙、つまり英語日刊紙の二五パーセントを所有している。さらに一七四の地方では、発行者が別である新聞が同一の印刷所を共同利用するという部分的協力体制が組まれ、そのことによって共和党の新聞と民主党の新聞とが別の時間帯に同じ印刷所で生産され、仲良く共存できている。

こうした傾向が今後どのような展開をみせるにせよ、地方やブロック規模のチェーンがハースト系、スクリップス・ハワード系、マッコーミック・パターソン系の所有と合わせると、現在、アメリカの新聞総発行部数の半分以上（五三・八パーセント）を支配している。また一四人の新聞オーナーが日刊紙発行部数の二五パーセントを支配しており、五〇人足らずのオーナーで日曜紙総発行部数の半分近くを支配している。

地方ニュースの独占

ある地域に入ってくるすべての時事情報を一社で左右するといった厳密な意味での独占はメディア産業にはない。それに最も近いもの、ほぼその状態にあてはまるのが一地方における単独所有である。この形態は実在する。アメリカの地方自治体九二パーセントの、中都市以上を除く全市町村には一つの地方紙しかない。一〇〇の小さなコミュニティでは、一つしかない新聞のオーナーが一つしかないラジオ局のオーナーでもある。これは当該ローカルニュースの「ローカル」な独占を生みだしている。（注4）新聞とラジオの合同所有の形態が増えてきている。アメリカではラジオ局の約三分の一が新聞社に支配され、現在までに提出されているFMラジオ事業の免許申請ではさらにその率が高まっている。

メディア帝国

本委員会では、一人のオーナーがメディア事業のブロック的あるいは全国的独占ができるとは考えていない。ハースト氏はそれほど古い話ではないがその全盛時代、新聞二六、雑誌一三（大発行部数を持つものだけでも）、ラジオ局八、ニュース映画社一、ニュース映画製作会社一、相当な投資をした特集・呼び物的事件報道映画製作社一、特集記事配給の有力シンジケート一ならびに三大通信社の一つを傘下に収め、合計約三、〇〇〇万の読者と、映画やラジオの巨大な観客・聴取者を持っていた。しかしこの全盛時代でもハーストの組織はそれぞれのメディア別分野で競争相手と激しく争っていた。ハーストの組織はその規模と影響力において帝国（empire）といえるほどであったのだが、それでも独占といえるほどではなかったし、最近ではその規模は目に見えて小さくなっている。

ルース社、カウルズ社、マーシャル・フィールド社はさまざまなメディアで強力な資本提携関係を構築している。RCA社はハースト社について言及したような意味での帝国ではないとしても、最大の勢力を保持していたときには並外れた規模で、マスメディア「公国」(principality)とも呼んでいい存在であった。

ルース資本はいろいろな時期に、週刊ニュース雑誌一(「タイム」)、週刊写真雑誌一(「ライフ」)、月刊雑誌二(「フォーチュン」と「アーキテクチュアル・フォーラム」)、ドキュメンタリー映画製作会社一、ラジオ番組一(「マーチ・オブ・タイム」)を保有し、すでに売却されたが、ニューヨークのラジオ局(WQXR)とラジオネットワーク(ABC)への投資を行っていた。カウルズ兄弟は中西部の四つの新聞社と四つのラジオ局、一つの週刊写真雑誌を所有していた。RCAは、ラジオや音響・音色機器のトップメーカーであるとともにNBCを所有しているが、RKOラジオ映画社にも相当な投資を行っている。同時に、RCAはアメリカで送受信する国際無線電信事業を行っている二大会社の一つである。

他分野の大資本が今ではメディア・コミュニケーション事業に参入してきている。アトラス社は先頃、一五〇万の発行部数をもつ「リバティ・マガジン」誌を買収し、RKOラジオ映画社、ウォルト・ディズニー・プロダクションならびに三つの映画ファン雑誌に相当な投資を行っている。マーシャル・フィールド社は大都市日刊紙二、ラジオ放送局四、農業雑誌一、その他として四〇あまりの新聞が使っている日曜読物付録制作会社一を保有している。また同社は一つの大出版社とその関係印刷会社に支配権を握れるだけの投資をしている。エドワード・ノーブル社は救命具ライフセーバーの販売から得た金でブルー放送網を買収した。ピュー社（サン・オイル）の資本は最大の農業雑誌の一つ「アイアン・エイジ」を含む一群の業界紙、ならびに小さな町や農村で大きな発行部数を持っている「パス・ファインダー」誌を支配している。

通信社、特集読物ならびにシンジケート

プレス連合通信社（press associations）と約一七五の会社が、全国的な読物提供サービス（feature sevices）を展開している。その結果、五〇年前に比べると、共通の報道記事・写真・漫画・コラム記事などの掲載率がますます大きくなっている。社説でさえいくつかの特定分野の新聞用に大量供給されている。たとえば、今でも発行されている約一万の週刊紙のほとんど全部が長い間、ウエスタン・ニュースペーパー・ユニオンからのサービスを受けていた。このユニオンは社説・読物記事・コラム記事などの制作会社であり、そのオーナーは「ボイラー刷版（記事の製版プレー

ト）の王様」といわれたジョン・H・ペリーであった。また、それら週刊紙のうち三、〇〇〇近くのものはこのユニオンの提供する八ページ仕様で、そのうち四ページまでは、シンジケートによって前もって執筆・編集・印刷されていた。ペリーは現在、小さな日刊紙七、週刊紙二四とラジオ局四を含むチェーンを展開中である。さらに彼は週刊紙・誌向けの大きな業界雑誌を所有し、自社の顧客に売りつける印刷機の製作所にも投資を行っている。

アメリカで現在発行されている一般英語日刊紙一、七五〇紙のうち、九五パーセント（日刊紙総発行部数の〇・二パーセントを除いた全部）は三大通信社であるアソシエーテッド・プレス（AP）、ユナイテッド・プレス（UP）、インターナショナル・ニュース・サービス（INS）のうちの一つまたそれ以上から記事提供を受けている。こうした画一化は以下の事実が示すように、いっそうその度合いを増している。INSがハースト系資本によって、UPがスクリップス・ハワード系資本によって所有されており、APを所有しているのは限られた新聞発行者、つい最近まで会員の資格制限をしていたグループである。今ではラジオ局とニュース雑誌の加入が認められるようになってはいるが、準会員の資格で議決権はない。

こうした相互連携関係と同様の関係がシンジケートされたニュースや写真付読物のビジネス展開でも見られる。それは写真・漫画・読物、その他これに類するものを販売しており、所有による支配の場合よりもコンテンツの集中的支配によってさらに強力な影響力を持っている。ペリーのウエスタン・ニュースペーパー・ユニオンは、そのサービスを受けている新聞の数ではアメリカ最大の新聞シンジケートの一つである。現在稼働中の一七〇あまりのシンジケートの上位五〜六社のうち、キング・フィーチュアはハースト系資本と、ユナイテッド・フィーチュアならびにニュースペーパー・エンタプライズ・アソシエーションはスクリップス・ハワード系資本とそれぞれ提携している。ＡＰは最も大きく、かつ最もよくできた呼び物的記事の提供を行っている機関の一つである。大規模なシンジケートは大都会の新聞の所有かその支配下にある。シカゴ・トリビューン紙とニューヨーク・デイリー・ニュース紙が共同して最大のシンジケートの一つを持っており、その中にはニューヨーク・ヘラルド・トリビューン紙、デ・モアン・レジスター・アンド・トリビューン紙、シカゴサン紙、ＰＭ紙、ニューヨーク・イブニング・ポスト紙やシカゴタイムズ紙が含まれている。

独占的行為

メディア産業に集中という傾向を進行させた主な原因は、新しい技術を使った大規模経営が有利であるということである。また労働コストの高いことも小規模で収益率の低いオーナーによる経営を困難にしたからである。

もちろん、この外にも原因はいろいろある。だが、それらはいずれも「人的」な要素で、技術の変化とは関係がない。そうした人的要素は過去から現在のあらゆる経済活動につきものであり、メディア産業もその例外ではない。そうした影響は私企業体制の存在があるかぎり、あらゆる場所で競争を制限し、独占を促進しようとする権力と利益が過度に求められることによって発生するものである。他の産業においても同様だが、それらが特定のケースで用いられる手段には複雑な経済的圧力から物理的暴力の行使といった単純なものまである。

今でも語り草になっているが、ハーストとマッコーミックは二〇世紀の初頭、シカゴで大規模な新聞売り場争奪戦を演じ、相互に相手の新聞を目茶苦茶にしただけではなく、相手側従業員を射撃したりさえした。こうした戦闘と、そこでいずれかに雇われた私兵が、その後この都市を悩ますことになったギャングたちの抗争拡大の一因となった。だが、競争を抑える手段として暴力を用いたのはシカゴだけではなかった。ニューヨークタイムズ紙・ヘラルドトリビューン紙などのニューヨークの新聞は一九三〇年代に新聞売り場の争奪戦を演じ、ＰＭ紙などは新聞売り場を設置することさえむずかしかった。

競争力のある者たちはハーストとガネットがニューヨーク州北部で、そして映画館主たちが他の所でやったように、販売区域を縄張りとして分割し支配した。現在、小出版社はタイム・ライフやカーティスのような巨大同業者が長期契約によって用紙の生産予定量と印刷所とを押さえてしまっているとこぼしている。最近の裁判事例だが、ある新聞社が自分と対抗関係にある新聞社に対しAPが記事を送らないように要請し、APがそれを認め実行していたことが独占禁止法違反になるという判決を最高裁が出したため、そういうことが出来なくなった。八大映画会社を相手に提訴された反トラスト法訴訟では製作と上映は分離されるべきであり、両者が結びつくと独占になるとの主張が展開されている。この八社はアメリカの娯楽映画の八〇パーセントを製作し、一般公開される映画の九五パーセントの配給権を持っている。

新規参入者のコスト

独占的行為がある上に機械の値段が高く、さらには現存大会社との利害関係のため、新しい会社のマスメディア事業分野への参入がむずかしくなっている。(注5)

大都市に現在あるような新聞社の運営にいくらかかるかを積算できるデータはないが、日刊新聞を成功裏に創刊するには、まず五〇〇万〜一、〇〇〇万ドルはかかるであろう。中級都市での創刊には七五万ドルから数百万ドル、小さな町でも二五、〇〇〇ドルから一〇万ドルの投資が必要だろう。ラジオ局の場合は一〇〇万ドル以上で売られたという実例があるが、その金額にはFCCのダー委員長のいう、「売り手による所有ではないし、また売る権利も持っていないもの、つまり〈ラジオチャンネル〉の使用権」が含まれている。新しく娯楽的情報映画（feature motion picture）製作会社を作るための資金としては一〇万ドルの確保が必要であろう。しかしこれは最小限必要な額に過ぎない。ちょっと考えればすぐ分かるが、映画会社の創設はどこかの大配給業者との契約なしでは不可能である。大衆市場をターゲットとした雑誌を始めるには、最初、二〇〇万ドルから三〇〇万ドルの損失を出す覚悟をせねばならない。だが、書籍出版の場合は一〇万ドルもあれば十分であろう。

以上のようにメディア産業の施設と組織とを研究してみた結果、次のような問題が出てきた。プレスの事業者数が減ったことはどの程度までプレスの多様性を減少させたのか。事業者数が減ったことにより、何か発表したい意見をもっている人たちにとって、自分の意見をオーディエンスに届けられる機会が減ってしまったのか。権力と利益の争奪戦がプレスの分野において、公益を害するほどひどいものになってしまっているか。プレス事業がビッグビジネスになってしまい、そのことが民衆の声の代弁的性格を喪失させ、共通の偏見、すなわち、大投資家と大雇用者の偏見の伝播だけを強めてしまっているのではないか。今日の危機的状況にあるプレスは相互理解を希求している米国民ならびに世界の諸国民の社会的ならびに政治的生活を円滑に遂行する上で不可欠な道具としての責務を果たそうとしているかどうか。もしその答えが否であった場合、その無責任性のゆえにプレスからその自由を剥奪してしかるべき理由になるのだろうか。

これらの設問に答えるためには今日のアメリカのプレスの実際の活動を検証することが必要になる。

（注1）外国語日刊紙一〇〇紙、黒人向け日刊紙および週刊紙一五〇紙には目立った増減がなかった。

（注2）発行部数が二〇〇万以上の第一グループの雑誌が一二から一五、発行部数一〇万以上の第二グループの雑誌が七〇から八〇ほどある。

（注3）このほかにも製作と配給を行っているかなりしっかりした大会社として、モノグラム、リパブリック、それにPRCなどがある。また、数多くの「子会社」的プロダクションがあり、大会社のどれかを通して配給を行っている。

（注4）いくつかの地域では新聞とラジオの所有が集中している事例がある。その一つはフランク・E・ガネットの場合だが、彼の新聞チェーンは主としてニューヨーク州北部に集中している。彼の支配力は強大だとはいえ、その地域を現実的に独占している状態とはほど遠い。

（注5）これはとりわけ、新聞・雑誌・ラジオネットワークにあてはまることで、書籍出版とラジオ局の所有についてはそれほどでもない。

第4章　メディアの活動

コミュニケーション分野における民間企業はその名に値するだけの大きな業績をあげている。アメリカのプレスの人びとへの到達の度合いは人口比からいえば、おそらく他のどの国にも劣らないであろうし、その技術設備は確実に世界最高のものである。プレスはまた、コミュニケーションの速度と種類に飛躍的な発展をもたらした多くの新しい技術を率先して採用してきた。いろいろと欠点はあるだろうが、他の多くの諸国のそれよりもアメリカのプレスは政治的・経済的圧力に対して買収されにくく、それらに毅然として対峙している。またプレス機関の一流のものは世界のどの国も及ばぬ優れた水準に達している。以下に述べるいくつかの批判を正しく理解するためにはこうした本委員会による総合的評価をあらかじめ心得ておいていただきたい。

　私企業の経済論理からすれば、ほとんどのマスコミ産業は次から次へとその読者・聴取者(audience)を増やす努力を迫られる（注1）。その結果、誰にでも向くものが少しずつ入っているオムニバス（乗合バス）的な内容のものとなってしまう。

メディア産業はこのように内容を万人向きにするにあたり、新たな情報素材を導入したわけではない。彼らがやったことは人びとがこれまで対面コミュニケーションの場でやってきたゴシップやうわさ話、論争をマスメディアの場に移動させただけのことである。記録に残る最古のマスメディアはアクタ・ディウルナ（Acta diurna）と呼ばれる、シーザー一世時代のローマにおける官設の掲示板で、そこには公共的な事項や政府のプロパガンダと並んで、スポーツや犯罪、その他の雑多でセンセーショナルな出来ごとがオムニバス的に混合して掲載されていた。そのことは新聞が少数の読者階層向けの真面目な知識だけを載せていた時代のイギリスでも同じで、犯罪ニュース専門のビラやパンフレット類が別に発行されていた。

今やアメリカの新聞はニュースの報道機関であると同時に、娯楽や専門的情報ならびに広告のメディアでもある。ラジオも一晩中聞いてみればわかるが内容的には発行部数の多い新聞を読んでいるのとほとんど同じである。否、ラジオにおける公共的事象に関する報道と論評の割合は新聞のそれよりもさらに低い。地方のラジオ放送局の場合、公共関連の情報提供をしないところさえあり、多くはだいたい二パーセント位の割合であるし、どこかのネットワークに加入している局でも一〇パーセントを超えることはない。一番発行部数の多い雑誌の場合、記事・写真・物語・論説、それにゴシップの類をとりまぜた内容を用意することで、あらゆる年齢層と趣味層を楽しませつつ、情報の提供をする。加えて毎号、総ページの半分またはそれ以上の広告が付けられている。また、周知のように、映画が主として大衆娯楽のメディアとして発達したことは明白である。

その結果、公共的事象にかかわる情報や議論はメディア産業による提供物の一部あるいはそのマイナー部分になってしまったのである。その一方で、そうして運ばれる情報と議論は、広告と大発行部数のおかげで価格が低くなったことにより、以前よりはるかに多くの読者、聴取者のところまで届くようになった。(注２)

ところが、マスメディアという「オムニバス」の乗客となった公共的な出来ごとに関する情報や議論は他の記事や情報の影響を受けて、それら他の情報が選択された特色の影響を受けるようになる。その結果、こうした公的情報や議論までが最大多数の読者・聴取者を引きつけることによって、利益に貢献するような形式を採用すべきだという議論や要請が強くなってくる。

スクープとセンセーショナリズム

そのため、「ニュース」という言葉は重要な新しい情報とは違うものを意味するようになった。ジャーナリストがある出来ごとをさして「ニュース」であるというとき、出来ごとそれ自体が重要だという意味ではない。もちろん、そういう場合もしばしばあるが、そうでない場合も同様に多くなってきたのだ。ジャーナリストにとってのニュースとはそれ以前の数時間内に起こった事柄のうち、顧客の興味をひきそうなものを指すのである。興味の標準となるのは、最近起きたこと、あるいは初物であること、身近なものであること、争いごと、人間的興味をひくこと、新奇性である。だが、こうした基準は正確さと社会的意義というものに制限を加えることになる。

このような内容のものが熱心に追求されると、それを直接見聞きするものには確かに面白いのだろうが、全体としての社会にとっては、残念ながらしばしば行き過ぎた表現になってしまいやすい。大戦の終わりごろ、通信社とラジオネットワークが飛ばし記事的な未確認「スクープ」を流し、後できまり悪そうに取消したことがある。結果として間違いとなったこうした「スクープ」はニュース提供社に対する一般大衆の信頼を揺るがせ、重要発表をきちんと行い、全般的にすぐれた戦争の記録を残したプレスをひどく傷つけた。

最多の読者・聴取者を引きつけるために、プレスは代表的なものよりむしろ例外的なものを、また社会的意義のあるものよりセンセーショナルなものを強調している。社会的影響の非常に大きな多くの活動が従来的な基準では報道に値する事件であったのに今ではそのようには判断されなくなっている。たとえば、動力エンジン機械が増えたこと、機械を点検・維持する人間が少なくなったこと、余暇時間が増えたこと、一人あたりの子どもに対する教育時間が増えたこと、忍耐すべきことが減少したこと、労働協約交渉がうまくいっていること、学校教育によって音楽に親しむ人が増えたこと、伝記や歴史書の販売が増加していることなどがそうである。

たいていの報道機関ではこのような事柄は、ナイト・クラブの殺人事件、人種間の騒動、ストライキに関わる暴力、公務員の権益対立などの事件がたくさん取りあげられることによって、外へはじき出されてしまっている。本委員会はそうした出来ごとの報道に反対するものではないが、プレスがこの種のニュースだけに精根を使い果たしていることには反対である。プレスがそうした出来ごとを優先的に取扱っている結果、市民は自分の所属するコミュニティへの責務を果たすために必要な情報と議論を提供されないということが起きているからである。

そこでの最大の読者・聴取者を引きつける努力は、あらゆるニュース記述を人を引きつける見出しになるようおこなうことのためになされている。その結果、記事は民衆の日常生活をありのままに説明するものにはならず、挿話が組み合わされ、それらに実態以上に意味があるような印象づけがなされるようになる。だが、相互に関連のない部分をいくら組み合わせてみても正しい全体像にはならない。というのは、取りあげられたそれぞれの部分が全体の中での正しい大きさや意味を与えられていないからである。

これはサンフランシスコ会議（訳注：委員会がサンフランシスコでメディア関係者を招いて行った会議）でまさに実証されたことである。この会合は適切な議事進行原則に従って進められ、会議中、提案と反対提案・案文の起草・修正や改訂、そしてその後の妥協による最終的合意へと至った。

数週間にわたる会期中、記事にできることが何もない日がかなりあった。しかし、記者たちは何かを書いて出稿しなければならなかった。とにかくニュースがなければいけないのだ。その結果、程度の低い方ではハリウッドの映画ファン雑誌のような、人物中心のゴシップ的記事となり、程度の高い方では会議で起きたことを歪曲して説明するという記事となった。本社の編集デスクがドラマティックで緊張感のあるものを要求したから、サンフランシスコでそうした記事がデッチ上げられたのである。以来、「静けさ」は「あらしの前の静けさ」となり、「沈黙」は「間近に迫った闘争の前の沈黙」となった。そうして時間が経過し、不吉なことが起きる前兆のような雰囲気となってきた。そうしたサスペンスのような状態が完璧に作りあげられたにもかかわらず、結果として数週間後にみんなが署名できる憲章が完成した。そのため、それは新聞で会議のことを読んでいた人たちには信じられないほどの驚きとなった。この会議をプレスがどう取り扱ったかに関する詳細な書物が、本委員会事務局のミルトン・D・スチュアートによって近く、『アメリカのプレスとサンフランシスコ会議』という書名で発行される予定である（訳注：この議事録は二〇〇八年現在まで特別研究報告書としては公表されていない）。

これらマイナス面の出来ごとの中でもっとも罪深かったのは一部の新聞コラムニストとラジオ解説者である。そうした人たちが今や、アメリカの公共問題の公開討論では不可欠な役割を果たすようになっている。しかし、彼らはできるだけ多くの読者・聴取者を引きつけなければならないということで、彼らのうちのいくらかは人びとに対し、のぞき見的なゴシップ・うわさ・人身攻撃やウソを提供すればいいのだと考えるようになっている。

オーディエンスからの圧力

人びとは自分たちに快く感じられないことを読んだり、聞いたりしたいと思うことはめったにない。また彼らは自分たちの信条にそぐわぬことや、自分の所属する集団について好意的に描いていないことを第三者が見聞きすることを好まない。そうした集団ができている場合には、それらの人たちはそうした意見や記事への反対意見をプレスに知らせるようになる。その結果、プレスはオーディエンス（読者、聴取者）を喜ばせてその数をふやそうとする欲望と、出来ごとや人物たちのほんとうの姿を伝えようとする願望との板ばさみになる。

映画産業の場合には観客からの圧力に対してもっともきめ細かな対応をしている（原注：映画の綱領については本委員会が『映画の自由』の題名で発行した本委員会事務局員、ルース・イングリスによる研究報告書に解説してある）。現在の綱領の管理委員会はどのような抗議者にも満足のいく対応をすべきだとしているが、当初はそこまですることはできなかったであろう。だから、最初の頃の映画はそこに登場する悪役を「無職で、どのような政治的・社会的・宗教的集団あるいは友愛団体にも所属しない、アメリカ生まれの白人アメリカ市民」に限ってはいなかった。しかし、圧力集団は映画館の入場者数に影響力をもっている、あるいはもっていると想定されたため、それを自分たちの望みどおりのものに仕立てあげてしまった。ハリウッドではこの種の脅迫に屈することが常態化しているから、ドキュメンタリー映画を発展させようとしてもうまくいかないのであった。

各分野のメディア業者はいずれもこの種の圧力にさらされている。自分たちの力で対抗しようとした新聞の発行者はそれによって損害を被った。アメリカのある大新聞の編集局長は、組織力のある圧力団体の意に反する編集方針をとったために、五万部以上の部数減となったようだと本委員会に証言している。

ただし、圧力がただ「圧力」であるという理由だけで、いつでも悪いものだと考えるのは間違っている。本委員会に対して行われた証言を読むと、圧力集団がふつうは意識されていない偏見や誤りを正し、見過ごされている分野の議論にしばしば目を向けさせたことがわかる。しかし、こうした集団の勢力が強く、かつマスメディアの重要性が大きいという二つの立場のぶつかり合いから深刻な問題が起きてくることがある。マスメディアが本来的にだれをも満足させるべく努めねばならないとすれば、どうしたら、同時に、それが今日果たすべき役割を果たせるのかという問題である。このことについては後述することにしたい。

オーナーの偏見

マスメディア機関はビッグビジネスであり、そのオーナーは大実業家である。戦争前、アメリカの消費者は二五億ドル近くの金を約四万のマスメディア機関のサービスに対して支払っていた。この金額はその年にアメリカ人が支払ったあらゆる物資とサービスに対する総金額の二七分の一にあたる。プレスは労働力の大雇用者でもある。プレスが同年中に賃金ならびに給与として支払った金額は一〇億ドル近くにのぼり、アメリカの賃金・給与総額の約四パーセントにあたる。新聞だけでも一五万人以上を雇用している。新聞は広告を通じて大企業と関係をもっているが、その収入の大部分はこの広告に依存している。プレスのオーナーは、他の大企業のオーナーと同様、銀行の重役であり、銀行からの借り手であり、上流階級の多額納税者でもある。

ウィリアム・アレン・ホワイトは次のように書いている。「アメリカの新聞発行者にはジャーナリズム以外の仕事で財力を蓄えた事例がはなはだ多い。彼は権力と名声を同時に求める富豪なのである。彼は資産家・有名人たちの集まりの中心にいる。そのため、新聞の経営実務の責任者はほどなく、職責をおろそかにしがちなオーナーのそうした考え方に悩まされるようになる。そうこうするうちに、編集局長の妻が夫の高潔さを責めるようになる。そうして誰もが、富がもたらしやすい傲慢さを無意識のうちに身につけていく。かくして、現代のアメリカの新聞が多くの出来ごとをまともに取材し、必要なものすべてを報道することがむずかしくなってきている」。ホワイト氏の見解によれば、ここ三〇年の間に、新聞は「世論の指導者たらんとするその伝統的立場をすてて、単なるニュースの行商人・調達者に成り下がった……新聞はビジネス組織となり、利益主義という流れに取り込まれてしまったのである」。

これと同じことを同じ筆致で指摘しているのはもう一人の著名な編集者、リッチモンド・タイムズディスパッチ紙のヴァージニアス・ダブニー氏である。氏は『サタディ・レビュウ・オブ・リテラチャー』誌で次のように書いている。「今日の新聞はビッグビジネスであり、大企業としての伝統的やり方で経営されている。発行者は、新聞の編集関連のことについてはあまり知らないことが多いが、経済界においては一流の企業家の一人であることから、その社説面には、通常、それらの人たちの見解が強く反映することになる。発行者は時には編集長の自由にまかせることもあるが、そうしない場合の方がはるかに多い。彼は新聞を公共的サービス機関というよりも先に自分の〈持ち物〉であるとまず考えている」。ダブニー氏はさらに続けていう。「アメリカの典型的な新聞発行者たちは新聞で大事なのは経営面であり、経営関連サイドに高給を支払い潤沢に資金を使えば、編集局には多すぎる仕事でも少ない費用で思い通りにやらせることができると確信している。もちろん、こうした発行者は自分の新聞の社説は〈健全〉であると考えている。つまり、それらの社説は実際には発行者による、現実とは違う社会観を反映したもので、だいたいにおいて読むにたえないということである」。

こうした告発はすべての新聞にあてはまるわけではないし、筆者のダブニー氏の真意でもない。氏もいうように「立派で、尊敬すべき例外」もある。しかし、高く評価されているもう一人の編集者、クリスチャン・サイエンス・モニター紙のアーウィン・D・カナム氏も、上流階級による新聞所有とそのビッグビジネス的性格は「現代アメリカの新聞の欠点」の第一番として挙げるだけの十分な理由があるとしている。

オーナーの偏見によってプレスが歪曲されているという非難はさもありなんと思われている事実である。一九三五年に少年労働法改正案が提出されたとき、アメリカ新聞発行者協会(American Newspaper Publishers Association)はこれに非難を加えた。国家産業復興局の少年労働条項に関して同協会のとったこの行動は、セント・ルイス・スター・タイムズ紙によって「新聞事業にとっての恥である」と指弾された通りである。また協会による、消費者協同組合・食物と薬品に関する規定・不当表示広告抑制を目的とした連邦通商委員会の命令や新聞社所有による放送局に関するFCCの規定への反対表明にも偏見があるとして批判された。そのほかにも、用紙供給業者あるいは電力会社と癒着していると批判されたこともある。また新聞のオーナーが他の事業を持っていることについての非難もある。多くの人びとが新聞には国家の財政政策についても偏見があると信じている。

広告とその宣伝トーク

よく聞く批判の一つに、プレスが広告主たちによって支配されているというものがある。だが、広告主がプレスの方針まで支配しているとはいえない。しかしその種のことは弱小のメディア企業で起こりやすいように思われる。新聞は財政的に安定するにつれて、独立の度合いを高め、広告主からの圧力に抵抗できるようになる。

最近の実例を検証すると、どのような圧力が加えられ、どんな所でそれが起きるかがわかる。およそ四、〇〇〇の週刊誌と日刊小地方紙の広告代理業者であるアメリカン・プレス・アソシエーションは昨年（一九四六）冬の鋼鉄ストライキに関して、USスチール社とアメリカ鉄鋼協会から、一、四〇〇の地方小新聞に出す「政策」広告（意見広告）の大きな注文を受けた。そこでこの広告代理機関はそれら一、四〇〇の新聞発行者にあてて、次のような書簡を送った。「当方は鉄鋼協会が予定している広告掲載紙として貴紙が当該地域の最善のメディアであると推薦しました。当方は貴紙が賢明な判断により同協会への支持を与えられんことを期待します。今回のことは鋼鉄業界に対し地方紙がどこまで協力できるかを示す絶好の機会であります。申し出を積極的に受入れ、全国規模の広告をより多く獲得する途を切り拓く方途とされたい」(注3)。ラジオ産業には広告についていくつかの特徴的な問題がある。ラジオ放送網の全収入はその三〜四パーセントを除けば、一五〇足らずの広告主によるものだし、そのうちの五〇足らずでその半分を占めている。しかもラジオ局のスポンサーの集中はこれ以上である。FCC（連邦通信委員会）のダー委員長は、一九四三年のNBCの営業収入の八分の一は一人の広告主からのものであり、また四分の一が二人の広告主、六〇パーセントまでが一〇人の広告主によるものであると公式に明らかにしている。ABC放送網では広告主一人で収入の七分の一、二人で四分の一、一〇人で六〇パーセント以上となっているという。一九四五年には、五つの会社でラジオ放送網全収入の四分の一近くを支えていた。

ラジオの大広告主の使っている広告代理店は少数である。これらの広告を放送している三つの放送網の収入の半分ほどは一八の広告代理店によるものだという。これらの代理業者は契約を代行するだけでなく、プログラムを書き、演出し、制作する。一九四五年には、食料品・タバコ・薬品・化粧品・石けん・菓子類・清涼飲料などの大消費産業がラジオ網の全収入の四分の三を提供している。それはこれらの産業がラジオでアメリカ人が聴くものを決めているということを意味している。

ラジオ局のオーナーは自局が送信するものについての法的責任を政府に対して負うが、番組の大部分はネットワークから得たものである。そしてネットワークはそれら番組を広告代理店から与えられている。それらの代理店が関心をもっているのはただ一つ、すなわち商品を売ることである。その結果は私たちのよく知っているように、広告と番組の内容が混合状態となり、広告と本来の番組とを切離して聞くことができなくなってきたということである（本委員会事務局のルウェリン・ホワイトによるラジオ事業に関する特別研究が近く『アメリカのラジオ』（The American Radio）という題で刊行の予定である）。

広告媒体となっている三つのメディアではその伝達内容のおよそ半分が広告に関連したものになっている。広告は販売に供されている商品を人びとに知らせるという有益な役割を果している が、その宣伝文句（sales talk）の大半が単なる刺激の繰り返しであり、好ましいことだけを伝え、価値を誇張し、現実と物質的ユートピアとの中間地点に存在するロマンティックな世界を見せているだけである。宣伝文句は製品の検証をするわけではない。ただそれを「売る」だけである。

公開の論議の場に出てくるのは宣伝文句だけである。しかし理想的な公開の議論とは、他人のいうことに耳をかたむけ、それに答え、次いでその立場を変えておこなう双方向性のプロセスである。そうすることで、少なくともその参加者の何人かはまじめに解答を得ようと努め、相手からの回答の中から正答に至る根拠を見つけようと手さぐりできる。世論はこうして作られるべきだというのがアメリカ人の信条であるはずである。世論は中央の権威によって作られ、民衆に

「売り込まれる」ものであってはならないのだ。

人びとは広告と本来の番組内容という二つの異なった表現（discourse）に慣れ親しんでおり、両者の区別をすることに困難を感じているわけではない。人びとは名前も明示しない「医事専門家」が練り歯みがきの品質保証をしていることに、名前を明示した権威者がまじめな出版物に書いているまじめな医学論に対して示すような信頼を寄せるわけではない。だが、これら二種類の表現形式には区別があってしかるべきだとすれば、広告は「広告」であるとはっきりさせておくべきだということである。練り歯みがきのためか、税率のためか、化粧品（コスメチック）あるいは世界（コスミック）の改革のためか、ダイエットのためか、物価を上げようとするための言説であるかぐらいのことは区別できるようにしておくべきだろう。記事情報と、宣伝文句や主義・主張とは区別すべきだし、このような二つの違うコンテンツはできるだけ違うシステムとして管理されるべきであろう。

相互批判

プレスの質的改善を図るもっとも効果的な手段の一つがプレス自身によって妨げられている。プレスには業界関係者の犯した失敗・誤報・嘘・スキャンダルなどについて見て見ぬふりをする悪習があることがそれである。ジョン・オドンネルが「パットン将軍がユダヤ人の兵隊をなぐりつけ、そのことで同じくユダヤ人であるアメリカの指導層が強力な批判をして、将軍をドイツの地域専管代表の座から降ろした」と述べて、各方面から猛烈に反発され、ワシントン・タイムズ・ヘラルドとニューヨーク・デーリー・ニューズの両紙上でこれを取り消した。しかしそのことに触れたその他のニューヨークの日刊紙は一紙のみであった。ラ・ガーディア市長は在職当時、自由にプレスを批判したが、ニューヨークの各紙も彼の言葉を同様に自由に引用していた。コラムニスト兼評論家になってからの彼は、彼の基準で不正確な報道や誤報だと思われるものの批判を専門分野にして仕事をしていた。しかし彼にはもう「ニュース価値」がなくなり、今ではほとんど黙殺されるに至っている。

アメリカのプレスの欠点の克服の最善の方法がプレス自身の努力によるものだとすれば、相互批判を避けるこのような悪習をやめ、その代りにプレス自身でプレスを批判するといった毅然たる方針を採用し、実行する必要があることになる。(注4)

必要性と活動——その量について

アメリカで一、〇〇〇人以上の人口をもつ町村ではすべて、新聞・郵便・電話・電信が利用できるし、そのほとんどには映画館と郵便集配局がある。これは特筆すべき立派な成果である。だがラジオの場合はこの水準からはるかに劣っている。こういう町のほとんどに電波の中継施設はあるのだが放送局そのものはそのうちの一五分の一にしかない。

しかし国が必要とするようなサービスとして、量というものはときとして敵である。ラジオや映画、またある程度までは新聞も、できるだけ沢山の人の注意をひくようなコンテンツを提供したがる。しかし、記録として十分な内容をもつ新聞、最高質の外国映画のすぐれた内容に接したいと望む少数派も少なからずいる。「オムニバス」的なコンテンツの集合だけではなく、こうした良質のものにアクセスしたい人にはそれができるようにしておかねばならない。しかし現在では、こういうレベルのものは二、三の大都市の中心部で可能なだけである。

諸外国におけるマスメディアの普及度はアメリカに比べてはるかに不完全である。経済的な貧しさや検閲、あるいは相互コミュニケーションの施設が貧弱なために、すべての人がニュースや議論の場に参加できないことがあるということである。コミュニケーション分野における発明がより多くの言葉や写真をますます安価に送ることを可能にしている。しかし世界共同体（world community）を建設するためにそうした新しい道具を十分に活用するには、はっきりした国策と、政府と民間企業との大いなる協力が必要であろう。（原注・国際コミュニケーションについては、本委員会が発行するホワイトとレイによる特別研究『対話する諸民族』（Peoples Speaking to Peoples）で詳しく論じている。）

必要性と活動――その質について

私たちの社会は日々の出来ごとについての正確で、正直な説明を必要としている。私たちは私たち自身の地域・地方・国家で、何が起きているかを知る必要がある。私たちにはあらゆる外国についての信頼できる情報が必要である。私たちは私たち自身についてのこうした情報を諸外国に提供する必要がある。私たちには公共的な事柄に関する講評や批判を交換するための場が必要なのである。私たちは二〇〇年前に村の集まりの特色であった公開討論の再構築を大規模におこなう必要がある。私たちはあらゆる集団・地方・諸国家を横断するかたちで、現代世界のあらゆる構成要素のありのままの姿を描く必要がある。私たちは私たちの生活社会だけではなく、他のすべての社会のそれぞれの目的や理想をきちんと理解できるようにすべきなのである。

しかし、そうした必要性は現在、満たされていない。ニュースは特ダネ速報や新奇性、センセーションの強調やプレスのオーナーの個人的な利益、あるいは圧力集団によって歪められている。日常的にプレスが報じている内容には、どこにでもいる実際の人びとのあたりまえの生活とは何の関係もないような、どうでもいい話やイメージの連続からできているものが多すぎる。その結果、無意味で、平板で、歪曲された記事になり、相互に遠く離れて暮らしているため、こうしたメディアを通してしか接触できない集団の間に誤解をもたらすことが普通になってしまっている。

先にのべたように、アメリカのメディアは技術的に大きな進歩を成し遂げ、その信頼度も高い。ニュースの素材を集め、記事を完成し配布する上でも大いにその能力を発揮した。私たちの中には、マスメディアの各分野の指導者たちによって、きわめて質の高い活動がなされていることを否定するものはいない。(注５) しかしプレスを全体として見ると、私たちの社会が必要とするものは満たされていないと結論せざるを得ない。本委員会は、プレスがそうした必要性を満たしていないことがプレスの自由にとっての最大の危機であると確信する。

（注１）これをただ「読者・聴取者の数が広告の掲載料金の高低と分量をきめ、またその広告の料金率と分量とが収入と利潤とを決める」からだと考えるならば、ビジネスの法則をあまりに単純化していると言わざるを得ない。特定のメディアにとって、読者・聴取者の収入の高低とその特性こそが読者・聴取者の総数とはまったく関係なしに、特定品目の広告をする場合に特別に絞り込みのできる広告目標になるのだ。

（注２）利益をあげようとすることが必ずしもメディア産業が次から次へと読者・聴取者を拡大しようとする動機ではない。何かいいたいことがある人は、できるだけ多くの人に向かってそれを言いたいものである。たとえば、政府所有のラジオを所有している諸国はその目的を達成するために番組内容を単純化してドラ

マチックな内容を持った「オムニバス」的なものにする傾向がある。

（注3）つけ加えておけば、『エディター・アンド・パブリッシャー』誌によれば、この広告を引き受けた新聞のうち一五パーセント弱がこの問題について社説または解説記事を掲載した。

（注4）相互批判というやり方は、同時に、公共問題についても双方向の論議を促すことになろう。

（注5）メディアの各分野における優秀者を定期的に表彰してきたが、これまでの結果では同じ新聞・放送局・プロデューサー・作家・ディレクターの受賞であった。

第５章　自主規制

本委員会はプレスには公共の利益のために活動する責任があると確信し、そのことを繰返し記してきた。社会のその他の分野においては、こうした目的のための職能団体（occupational group）が作られ、構成員が誤りを犯せばその団体自身で懲戒を行っている。このことを念頭におきながら、以下、プレスにおける同様の組織と自主規制の可能性について検討していくことにする。

映画における自主規制

マスメディア機関の中でもっとも精緻な自主規制組織を持っているのは映画産業である。全米映画協会(注1)（The Motion Picture Association of America）には会員が順守すべき、強制力をもった綱領がある。

映画協会が組織され、綱領を採択したのは検閲の脅威に備えるためであった。この綱領の内容とその実施状況からすると、その目的は映画の内容を管理することによって、国家の多様な検閲機関や外国の検閲をパスして、圧力団体から目をつけられることがないようにするためであることがわかる。

この綱領の運用にあたっては、不倫や変態的性行為、一定限度以上の裸体露出、猥褻、神への冒涜、犯罪行為の詳述、残虐行為などの場面の除去といったことに注力している。またこの綱領は道徳的なものがいつでも不道徳的なものより優れたものであるように描くこと、法律や社会的信用の必要な公的機関を嘲笑しないこと、あらゆる諸国の国民を不愉快にさせない表現にすることをその基準として堅持している。

当初からこの自主規制機関の目的は限定されていた。それは検閲による禁止やボイコットを受けずに映画を流通、上映させるためにやってはいけない最小限度のこととは何かということであった。結果として、その想定はかなり正しかったということである。

この綱領の制裁権執行の背景には州や市の検閲局、組織化された圧力団体の存在があったし、違反があった場合には、製作者と配給者が二五、〇〇〇ドルの罰金を科されるということになっていた。しかしこれまでそれが順守されてきた主な理由は、違反すれば、製作者と配給者が上映にあたり経済的影響をこうむったからである。協会加盟の映画館は協会の綱領管理部の許可がない映画を上映しないから、それぞれの製作者（社）のほとんどすべてが自発的に綱領に違反しないように努めたのである。現在、これを反トラスト法違反だとする訴訟が進行中であり、その結果によっては劇場に対する規制が変わり、映画産業界の自主規制枠組が弱まるということが起きるかもしれない。

一九二〇年代、映画は当時の社会道徳の不安定を反映し、映画の公共的責任を果たすよりも逆にその社会評価を貶めるような、芸術としての成長過程の苦しみを味わっていた。一九三四年までに、映画協会は外部のきびしい批判に押され、規制の実施ができる団体となった。協会は観客によるボイコットの対象になった猥褻で、センセーショナルなだけの下劣な映画を止めさせ、はじめて映画事業に公共的な立場をとらせることができるようになったわけである。

だが、映画の製作綱領の目的はこれに尽きるわけで、それは現在でも同様である。ウィル・ヘイズをはじめほとんどの映画製作者が考えてきたように、ハリウッドは単なる娯楽産業であって、大衆の好むものを与えるという昔ながらの法則に従ってビジネスを展開してきたのであり、制約を受けてきたのはただ名誉毀損罪、猥褻的な内容、そして事前に想定した大切な観客層を怒らせてしまいかねないことだけである。したがって、現在のままの綱領で、質の高い集団責任の体制が確立されるようになる、つまり社会のいろいろな構成要素の姿をその生活様式・理想・欠点・特別な様相などとともに相互に関連づけて見せるという責任が果たせるようになるとは期待しないほうがよい。現行の綱領はみんなが容認できる基準であり、責任の基準を定めたものではないからである。そしてこの基準は活動の最低限度を示したものであり、十分あるいは理想的な活動目標を示したものではない。

とにかく、映画産業の自主規制組織はその当初の設立目的を達した。しかしその目的には限界があり、今までのところ、それだけで映画を本来あるべき、理想的なマスメディアにするという点でそれほど役立ってきたとはとても思えない。しかも映画界におけるこの自主規制の成功は他のメディア分野では得られないような映画産業内における独特な条件によって可能になったものである。その条件とは各種の検閲機関や過激な圧力団体があり、経済力がいくつかの大会社に集中しているということである。こうした固有の条件がいかに重要かは他分野のメディア事業では自主規制が失敗していることでわかることである。

ラジオにおける自主規制

ラジオの問題は映画のそれとはまったく違っている。ラジオ放送はFCC（連邦通信委員会）の免許事業であり、公衆の利益・利便性・必要性にしたがって運用されることを条件として認可される。同時に、連邦通信法はFCCが放送番組の検閲をすることを禁じている。FCCは早くから設立されていたのだが、ラジオ事業界には映画の場合のような、州単位の自主規制組織が結成されることはなかった。

全米放送事業者協会（ＮＡＢ、訳注：日本の民間放送連盟に相当する）にも全放送局が加盟したことはなかった。放送番組を検閲する組織も持ってはいない。協会は成文の綱領を持ってはいるが、それに付随する制裁はまず警告をして、それが守られないときには会員除名に至ることもあるとしているだけである。会員になってもこれといった特権があるわけでもなく、職能的に善良な市民意識による自発的な加盟であり、綱領に従いたくない放送局やネットワークはそもそもＮＡＢに加わる必要がない。さらに、この協会はその財源と道徳心の高低については加盟社の会費と自覚に依存しており、この協会は今日まで会員に綱領を順守・実行させることに熱心ではなかった。綱領の順守を強制したという事例もないようである。

ＮＡＢの主な活動は同業者団体が普通にやっていることとほとんど同じである。この協会は放送局やネットワークの利益を代表して、全米作曲家・著作者・出版協会・労働組合・ＦＣＣや議会などとの折衝にあたってきた。時には協会はマスメディアの一手段としてのラジオの重要な諸問題、たとえばいろいろな集団の要望を聴くこと、広告とニュースや議論との関係、個人批判に対する反論権等々の問題に取り組んだこともある。しかし今までのところこれらの問題は解決していない。

ラジオは検閲やボイコットから自己を守るための綱領を必要としてこなかった。通信法がラジオに対する検閲を禁じてきたからである。広告主たちもラジオがボイコットの対象になることから守ってきた。というのは、広告主たちは自分が提供する番組で一人でも敵を作るようなことはしたくないということで、綱領よりもずっと効果的にそれに代わる役割を果してきたからである。洗剤メーカーは自分の提供する番組内で、中国人を傷つけるような表現を許さない。というのは、洗剤が多くの中国人メイドや洗濯屋に使われてきていたからである。実効力のある放送綱領はNABによる毒にも薬にもならぬ文言などではなく、広告主たちの行う番組の内容規制であったわけである。

オーディエンスをできるだけ多くし、顧客の気分を害するようなことはどんな小さなことでも避けようという要請によって、今日見るような放送が生まれたということである。

ラジオが公共の利益を守るという放送基準について、FCCからはじめて警告を受けたのはほんの数か月前である。FCCは放送局自身が過度の商業主義を自粛しなければ、政府として何らかの行動に出なければなるまいとの声明を出した。しかしこれまでのところ、この挑戦によってNABがおこなった具体的対応はほとんどなく、言論の自由を声高に主張し、新しい綱領を作らねばならないだろうと言うだけである。もちろん、そんなことが問題の核心であるはずがない。

新聞における自主規制

全米新聞発行者協会（The American Newspaper Publishers Association）は新聞オーナーの代表組織である。彼らには権力がある。この集団は少なくとも公表された記録の示すかぎりでは、自由な社会における自由なプレスの使命に関係した問題には関心をもたず、新聞産業の経営上の問題だけがその主要な関心事である。

全米新聞編集者協会（The American Society of Newspaper Editors）は主として被雇用者で構成されている。その会員は大都市の日刊紙の編集局長、中小都市の一部の著名な編集者であり、新聞社オーナーでも編集局長を兼ねている場合にはその会員になれる。この協会は創立初期の会合で倫理綱領を起草し採択したが、もしその内容が守られていたならば、新聞はニュースと議論の責任ある伝達機関になることができていた。しかしこの綱領に効力をもたせる手段は協会からの除名だけであった。綱領が採択されて間もなく、会員の一人にこれに違反する大きな背任行為があったことが報告された。そこで協会は長期にわたり慎重に精査したが、事件として取りあげないことにした。このことから、以後の綱領の機能が決まってしまったのであった。

全米新聞組合（The American Newspaper Guild）は記者や編集長補佐担当者から構成され、場合によっては印刷・営業・事務部局の従業員が加盟している組織である。この組合が一九三〇年代の初めに発足した時、それは実際に働き執筆しているジャーナリストだけの集団であったから、もっぱらその質的向上に尽力する職能団体となる望みがあった。ところが、発行者たちがそうした組織となることに反対したのをはじめ、いろいろな問題が出てきて、この組合は産業別労働組合会議（CIO）に加入することになった。以来、この団体は上部組合の認める賃金・労働時間・労働条件の向上運動に専念するようになってしまった。もちろん、これらのことはプロフェッショナルな能力を磨き、独立を確保する上での有益な第一歩ではあった。

組合と会社との協約の中には、記事を書いた記者の同意なしに、その署名記事を掲載しないという保護規定を持つものもあった。しかし組合が次のような公式の声明を出したことは、一時的にせよ、自らの意志でその結成当初に示した職業的理想を放棄したことを示すものである。それには次のようにあったからである。「大新聞社や通信社による頻繁なニュースの歪曲や抑圧が民主社会で当然の、思想が真に自由に交換されるべき状態に対する妨げになってきているという事実があるが、組合としては、オーナーたちには自分たちの新聞が自分たちの独自の考え方を伝える道具として使う権利があるという考えかたに異議をさしはさまない。当組合は、新聞のオーナーたちに思慮が足りなかったり、偏見があったり、またたとえ考えが間違っていようが、それは彼らの絶対的な権利であること、それに対して、読者には読む、読まないの自由、購読料金の交渉の権利があるのだと認識している」[注2]。

書籍と雑誌

書籍・雑誌の分野には自主規制のシステムはない。しかしプロフェッション（専門職業）としての水準は決して低くなく、おそらくは他のどのメディア部門よりも高いであろう[注3]。ただし、この分野では他の分野と同等あるいはそれ以上に専門分化が進んでおり、そのことは組織・綱領・懲罰手続以外の分野においても職業上の理想や態度を発展させていかねばならないことを示している。

プロフェッショナル化

プロフェッションとは公共的サービスを行うために組織された集団である。つまり、プロフェッショナルな人たちによるサービス・助言・指導・専門家的助力についてはそれを受ける者が全面的に信頼を寄せて当然とされ、いわゆる「受容者責任」(caveat emptor)の原理は適用されない。そのプロフェッショナリズム（専門職業人精神、esprit de corps）はとりわけ、プロフェッショナルな人たちの共同訓練と水準維持の努力によって維持される。理論的には、少なくとも、受容者からの信頼をないがしろにし、質を低下させた仕事のほうが大きな利益が得られるとしても、プロフェッショナルな集団としてはその課せられたサービスを果たし、職業の水準を保つことがより大切だということである。法曹関係者の倫理綱領には法律に準ずる強制力があり、弁護士会のほうがある特定の事案では間違っているという判断を裁判所がしないかぎり、倫理綱領に違反した弁護士はその職業を継続し生計をたてることが出来なくなる。医師会というプロフェッショナル集団も会員についてこれとほぼ同様の規制をしている。

公共的サービスの中でもっとも大切なのはコミュニケーションによるサービスである。法律や医学分野といったプロフェッショナルたちの組織では個々人の責任がその中心要素になっているが、コミュニケーション分野ではこの点が欠けている。ここでは記者たちは雇用者のために働いており、責任をとるのは雇用者であり、記者ではない。(注4) マスメディアにおいては、程度の高い記事を除き、個々の記者が書いたものの独自性は、たとえば新聞の場合、記者個人とデスク、整理部の間で仕事がそれぞれ専門分化された作業が合体して記事ができあがることから共同作品とされてしまう傾向がある。したがって、プロフェッショナリズムに基づいた効果的な記者組織の形成はほとんど不可能である。

しかしその意味でのプロフェッショナルな組織化が求められないとしても、記者職にはプロフェッショナルな理想と態度が依然として要請される。法律家・医者・聖職者などの職業の理想と態度はそうした修養（disciplines）をするための専門校で育成されている。そうした学校が、何ものにも左右されない批判精神を育む中核として機能している。その質が高ければ高いほど、独立の度合いも批判の度合いも高くなる。だが、ジャーナリズム訓練校はまだこうした責務の引受けができているとはいえない。それらの学校の現状では一部の例外を除き、プロフェッショナリズムの水準には達していない。その多くは技術的職業訓練に専念しているが、それについてさえ、まだ期待に応えているといえるほどの成果を上げてはいない。今日、ジャーナリストがもっとも必要とする訓練とは、商売の要領や組織に関することではない。もし彼が公共問題についての有能な審判者になろうとするなら、広範な目配りの出来る最もリベラルな教育が必要なのである。ジャーナリズム訓練校は全体としてまだ、受講生たちがこうした教育を受けられるような方法を編み出すことに成功していない。

それぞれのメディア企業のオーナーまたは経営者の個人的責任は免れようがないし、じっさい大きい。その責任はその者の良心と公共善についての意識にかかっている。弁護士や医師にもこれと同様の責任があり、それらの人たちの良心はある程度まで制度化されており、それらの職業人たちには良心についての一定の合意ができている。それがあるからこそ、それらがプロフェッションと呼ばれるのである。現状のようなプレスの組織をプロフェッションとして成り立たせるには克服不可能ともいえるほどの困難がある。しかし、個人的責任は不可避であることを忘れず、プレスがあらゆる努力を傾注して社会に根づき、かつコミュニティに奉仕する責任を発展させていくよう、社会はプレスに対する注視を怠ってはならないであろう。

(注1) その前身は全米映画製作・配給者協会(Motion Picture Producers and Distributors of America)である。

(注2) 最小限度の自律性を行使しているということで、多少の注目をしていいのはホワイトハウス記者協会と議会記者協会である。これらの記者協会にはきちんとした会員認定資格条項があり、「オフレコ」発言の公表を禁止するといった簡潔な規約を定めている。それらに違反した者は例外なく除名することにしている。この懲罰を受ければ、記者はホワイトハウスの記者会見や議会の記者傍聴席への立入りを禁止され、ワシントン特派員にとっては大変な活動の妨げになる。

(注3) 書物による批判はラジオや映画の批判よりも理知的かつ活発であり、その役割は非常に大切であると明言しておく。

(注4) 書物を書く場合には新聞とは同じではないが、雑誌の場合にはある程度までこのことが当てはまり、しかもその傾向は強くなりつつある。

第6章　今、何ができるのか――13の勧告

本章で記す13の勧告は、本調査報告書の冒頭で述べたこと、つまり私たちが現実に暮らし、また暮らしたいと望む社会に必要なニュースや思想の提供を妨げている要因からプレスを解放する簡単な答えはないという固い信念の表現でもある。

これらの勧告は政府（裁判所を含む）、プレス自身、公衆のそれぞれがなすべき行動という三つの違う立場に分けてなされている。私たちはプレスと公衆に対し両者が協力して、国が要求するサービスを、その気さえあれば実行可能な技術的設備を備えている新聞・雑誌・書籍・映画・ラジオ等のプレスがそれらの設備を使って提供する方法を示しておくことがとくに重要だと考えている。プレスと公衆が自らすすんでそのようにすればするほど、国家のなすべきことは少なくなるからである。しかし、私たちはまず最初に法律上の措置についての勧告を記した。プレスの自由については政府の諸活動との関係の中で考察されるのがもっとも一般的だからである。

政府は何をなすべきか

私たちはプレスの基本的問題が新しい法律の制定や政府の措置によって解決できるとは信じていない。本委員会は政府機関を通さず、社会の各界各層がプレスに直接働きかけることにもっとも大きな期待をかけるものである。

しかし、アメリカの民主制はもちろん、いかなる民主政治も民衆の願望を妨害するような無責任かつ強大な私的（private、民間）権力の集中を決して許しはしないであろう。もし私的権力が巨大かつ無責任なものになれば、政府権力がそうした私的権力の解体のために用いられるだろうし、その規制のために用いられることもあろう。

私たちの社会にはマスメディア機関が必要である。しかしそれらの機関は現在、私的権力の巨大な集中によってできている。だからそれらの機関が無責任なものになれば、アメリカ憲法修正第一条でさえ、政府による統制からそれらの機関を守ることはできなくなるであろう。その結果、こんどは修正第一条が修正を受けることになろう。

本委員会は、プレスの自由と、民主制の将来に関心を持つすべての者が、プレスがその責任を果たせるようにあらゆる努力をすべきであると考える。というのは、もしプレスが自発的な行動によってそうしなければ、そうさせるために最終的には政府の権力が使われることになるからである。

アメリカ国民は政府がやるべきいくつかの仕事があることを認めている。たとえば、アメリカ人は私企業を信任しているが、政府に郵政業務の運営をさせることに反対しない。またアメリカ人は個人の発意が大切であると信じているが、法律の力で解決ができることにまで自助主義を実行しようとはしない。私たちは、政府を単に警察官のようなものだと考えやすいが、私たちの社会では色々な点で政府が積極的役割を果たしていること、ならびに高度に産業化した社会では政府がそうあらねばならないことをよく承知している。

私たちの社会システムでは、立法府はプレスの自由を制限するような法律は通さないだろう。しかしこのことは国家の一般的な法規がプレスには適用できないという意味で理解されたことはない。憲法修正第一条は表現の自由を保障するためのものであり、特権を享受できる事業を作り出すために制定されたわけではない。またこの条項は、ある種の特定言辞を抑制する特別法の採択を防止するためのものであると解釈されたこともない。また修正第一条にも、アメリカの政治的伝統としても、政府がマスメディア事業に関与（participate）すべきではないという規定があるわけではない。政府が自己の立場を述べたり、民間による情報発信源を補ったり、民間の競争に基準を設けようと提案することを禁止されているわけでもない。政府がこのような形で参入してくることはプレスの自由を危うくするものではないからである。

私たちの報告書のこの部分の主要目的は、政府の措置をもっと増やせという勧告をしようとするのではなく、マスメディアについての政府の役割を明らかにしておくことにある。

勧告1　私たちはプレスの自由を保障する憲法条項をラジオと映画にも適用するよう勧告する。

放送電波によって各購読者へ送られるファックス新聞の実現が近いこと、ニュース映画や記録映画などが発達してきたことなどから考えて、ラジオや映画に憲法上の保障を与えることが今ほど必要になってきた時代はない。ラジオや映画に対して望ましいと考えられる規定は、現在の新聞や書籍に関して連邦や州憲法が作っている規定による制限の範囲内で作ることができるし、またそのように作られるべきものである。(注1)

映画の場合、この勧告は州の各種検閲機関を廃止しようとするものではなく、それらの機関が最高裁判所の解釈による修正第一条の範囲内で運用されることを要望するものである。

ラジオの場合、この勧告は憲法に基づき、通信法による検閲の廃止を支持するものである。もっともこの勧告は、ＦＣＣ（連邦通信委員会）がラジオの申請者が公共の利益・利便性・必要性のために尽くす用意ができていないとの理由で、その事業免許を許可しないことを妨げるものではない。また免許の更新にあたって申請者が果たして最初に許可された時の約束を守ったか、実際に公共の利益・利便性・必要性のために尽力したかを考慮することを妨げるものでもない。この勧告は検閲廃止を促進しようとするものであり、その実績如何にかかわらず、一旦免許を付与された者に永久の特権を保障しようとするものではない。電波は公衆のものであり、ラジオ産業のために存在しているわけではないからである。

勧告2　私たちは政府がメディア産業における新しい起業者による参入を奨励すること、それが新しい技術の導入につながること、反トラスト法により巨大メディア事業体の間に競争が存在するように図ること、しかしそうした法律はこうしたメディア機関を解体するほどの強さで適用されてはならないこと、メディア事業に集中が必要な場合には、その集中によって公衆が利益を受けられるよう政府が注視を怠らないよう勧告する。

国がその求めるようなレベルのサービスをメディアに展開してほしいのであれば、それら産業が多少の集中をすることが必要であることは私たちも認める。国民はマスメディアが変化と多様性に富んでいることを求めているし、国民には大事業組織のみが提供できるようなサービスと、情報や議論の量と質が必要なのである。

事業の集中には避けられぬ弊害が出てくる可能性があるが、新事業体の参入と発展を人為的に妨げぬように監視を怠らないことによって、弊害は最小限度に食い止めることができる。メディア事業には大資本が必要だし、また既存の事業体が伝送・配給の手段を支配しているので新事業を起こすことは簡単ではない。

新事業者が参入に必要とする費用を軽減するために政府やその他の機関ができることといえば、新規事業体の参加に便宜を図り税金や郵便料金への政府課金を調整すること、また既存事業体が自己利益の確保のために新規参入者による新技術の導入を妨げることを防ぐこと以外にはほとんどない。税法や郵便料金表などが新規に参入しようとする小事業体に不利で、巨大かつ基礎のしっかりした大事業体に有利になっていないかどうかを再検証する必要があるということである。

新技術については、FMラジオのような発明は放送の量と種類を飛躍的に増加させる可能性がある。装置の費用が安く、周波数の幅が大きいからである。私たちは連邦通信委員会がその前途に拡がる可能性を十分に活用し、FMラジオがそのサービスの必要以上の集中化を防ぐものと信じている。

政府はプレスの既存事業体が流通手段を独占しようとする行為を阻止することができる。そのために必要な政府の措置は、警察による保護とか新興の新聞や雑誌が即売スタンドを確保できるようにする市条例の公布といったものから、劇場を独占する映画会社に対して反トラスト法違反の訴訟を提起することまで広範囲にわたる。メディア事業に関する政府の重要な機能はあらゆる方策に途を開いておくことである。それには、できるだけの工夫をして、少ない補助金を活用しながら、この事業分野への新規参入者を呼び込むことも含まれる。

本委員会はメディア産業において活発な競争がなされるべきだと信ずる。委員会の意見の大勢は競争する事業体の規模を法律によって規定することが最善の結果を生むとは考えない。大事業者間の競争を維持すると同時に、一般利用を可能にすべき施設から特定事業体だけが締め出されないように反トラスト法を発動することができることが望ましい。しかし同時に、それが大事業者の分割を強制することになるのは委員会にとって好ましいこととは思えない。

反トラスト法がメディア産業に適用されることについては問題がないと考えるが、私たちは現在のこの法律条項そのものがあまりにも漠然としていることを指摘しておきたい。この法律はプレスの自由とその効用にとってきわめて危険なものになるおそれがある。それには反対者の声を封じ、民衆教育（public education）の過程を妨げるために利用される危惧があるからである。

本委員会は、プレス事業者自身が自由な社会の必要とする情報と議論の多様性・量・質を提供するために共同歩調をとることに大いなる期待をしているのであって、反トラスト法の誤った適用によって、そのような行動が妨げられることをよしとしない。ただし後でも触れ、提唱しているようなプレスの水準向上のための真面目な努力は（原注：次節「プレス自身のなすべきこと」を参照）、たとえ生産コストの増加を伴うものであったとしても、あきらめてはいけない。

サービスにとって必要だということから事業の集中化は正当化されるのであり、政府は事業の集中がなされている所で、期待されているサービスが提供されているかどうか、さらには、公衆がその事業集中によって利益を受けているかどうかについて監視する必要がある。たとえば、連邦通信委員会はラジオのネットワークに対して、その系列局の増加を求めたり、人口過疎の地域のすべてに対してラジオサービスを行うための一手段として、免許の一括付与申請（clear channel licenses）ができるかどうかを研究する必要がある。系列ネットによる質のよいラジオサービスを広めることと、地方放送局を維持し、拡大していくことがもっとも大切なことなのである。こうした目的を達成する方法は二つしかない。メディア産業が責任を受け入れてそれを実行するか、メディアを政府所有に移管するかである。私たちは前者の方法が好ましいと考える。

勧告3　私たちは、現行の名誉毀損に対する救済措置に代るものとして、被害者が加害者による取消し、もしくは事実の再述を求めるか、または被害者に反論の機会を与えるような法律を制定するよう勧告する。

プレスの誤報によって損害を受けた人がその名誉を回復させるための唯一の法律上の方法はその損害を民事訴訟によって賠償させることである。だが、この救済方法は費用がかさみ、むずかしく、手続きも厄介である。しかも「名誉棄損事件の原告にはゆすりとか恐喝とかの非難が寄せられる」(注2)ことがままあり、被害者側に裁判の提起をためらう者が多い。

ここに提案した救済措置は事件がまだ人びとの話題になっている間に迅速に発動すべきものである。これは今では責任を自覚したプレス関係者の間ではふつうになってきているが、自発的に誤報の訂正をするといったこのやり方をさらに増やしていくべきだということである。そうすることで、プレスの嘘を減らしていくことができるだろう。

現在、いくつかの州で、集団名誉棄損法制定についての議論がされているが、私たちはそれには反対である。私たちは名誉棄損事例における提訴は、その誤った報道により個人として損害を受けたことを実証できる人が、民事上の提訴をすべきだと信ずる。自分の属する団体が誤った批判を受けたとの理由で、一個人が提訴したり刑事訴追の手続きを始められるようなことになれば、この法律が正当な公開の論戦を抑圧するのに利用されると危惧されるからである。

本委員会は法律によってプレスの嘘を減らすという点に関する種々の提案に対し、広く検討を加えた。道義的な観点からすれば、プレスの自由とは条件付の自由、つまり執筆者や放送局あるいは発行者の正直さと責任感を確保するためのものだということである。意識的あるいは罪悪感なしに嘘をつく人は、道義的には憲法修正第一条によって守ってもらおうと要求する資格はない。しかしプレスがつく嘘の救済措置は単に法的規定の想定以上に配慮がなされてしかるべきなのである。私たちは政府がプレスの自由に干渉すべきだという考え方はとりたくない。現時点では、私たちがここで提案している以上に強力な法制定をすることに合理的根拠を見出せないからである。

勧告4　私たちは当該表現が暴力を誘発するという明確かつ現実の危険が社会的に認められないかぎり、現行制度の革命的変革に賛同する意見の発表を禁ずる法制定をしないよう勧告する。

最高裁判所は、その発表により暴力行為が誘発されるという明白かつ現実の危険がない場合、武力によって政府の打倒を主張する意見を発表することも修正第一条によって保障されるものとしている。一九四〇年の外国人登録法における平時煽動条項やいくつかの州におけるサンディカリズム（訳注：ゼネスト・サボタージュなどの直接行動で政権や産業を組合の手中に収めようとする労働組合運動）がその予想される効果如何に関わらず、武力によって政府の転覆を図ろうとする犯罪だとしているが、それは前記判例の良識的な原則に反していると私たちは確信している。そうした法律が想定している本当に危険な人物は陰謀罪や一般刑法によって押さえることができるのだ。ところが煽動罪等の諸法規は、じっさい、本当に危険ではない人物に適用されやすく、それら法律の合憲性に疑問が出てくることになり、賢明ではない。今までのところ、煽動者として起訴されたものが、最高裁まで上告し、争うことができた例は少ない。したがって、この法律が法令集に残っているかぎり、政治や経済の議論を抑制する威嚇効果があることになる。こうした法令は廃止されてしかるべきである。

勧告5　私たちは、政府が民衆に対し、マスメディアによって、その政策に関するさまざまな事実と政策の基礎になっている目的について知らせることが望ましいと考えるから、民間マスメディア機関がそうしたメディアとしての役割を果たせないか、果たそうとしないかのどちらかであれば、政府に対して政府自身が自分のメディアを所有すべきだと勧告する。

また私たちは、民間のマスメディア機関がこの国についての情報を特定の一外国あるいは数か国に伝えることができないか、伝えようとしない時には、政府がその欠陥を補うために政府自身のマスメディアを所有するよう勧告する。

もし以下のような事実がなければ、この勧告には意味があると考えるべきではない。だが実際には近年、政府がその施策を国民に伝えようとしたり、プレスが世界に向けてこの国のことについて伝えたこと、あるいはそうした情報の間違いや欠陥を補完したり訂正したりすることに適性限度を超えた労力と税金を浪費しているという厳しい批判がますます大きくなってきている。

政府の役人の中にはその広報機関を個人や党の勢力拡大に利用してきた者がいることもたしか

である。しかしこうした悪弊は普通の民主主義的やり方で是正できる。また政府による公式の情報や討論がないことによって、アメリカ国民にとっても外国人にとっても欠くべからざる重要問題について何の知識も与えられずに終わるという危険に比較すれば、そうした悪弊などたいしたことではない。

国内、国外に情報を提供することにくわえて、政府は国際間のコミュニケーションに特別の責務を負っているが、それについては本委員会が刊行する特別研究報告書『諸民族間の対話』が詳細に述べている。そこに書かれている政府の特別の役割とは、世界中でプレスへのアクセス料金を引下げる具体的な努力をすること、誰でも同じようにニュースへのアクセスができるようにすること、情報の自由な流通の阻害要因を除去すること、国際連合と協力して現存するあらゆる技術を利用し、ニュースや議論をできるだけ広範に流通させるようにすること、などである。

プレスは何をなすべきか

以上、私たちが政府のなすべき行動として勧告した諸項はその最小限度のものであるが、プレス自身の行動によって少なくとも国内情報の分野ではそれらの勧告内容を減らすことは可能である。既存のプレス事業体は配達・配給特約店の独占を自主規制することもできるであろうし、新技術を開発した場合にもこれを他に自由に利用させることもできるだろう。またプレスが、誤報によって傷つけられた個人に反論の機会を与える原則を確立することなどはプレス自身が自発的にできることである。しかしプレス自身がやらねば、こうした改革は法律制定によって行われることになるから、プレスが自発的にそうした措置をとることが賢明な策だと私たちは信じる。

現在、アメリカではメディア産業は私企業であるが、本委員会は将来ともそれは私企業であるべきだという意見である。しかしこれは公共の利益に影響のある事業である。本委員会は、鉄道や電話事業のような公共の利益に影響のある他の事業と同様に、メディア事業も政府の統制によるべきものだとは考えない。本委員会はプレス自身がその公的責任を自覚し、政府が強制的行動をとるのを未然に防げるようにすることを希望する。

私たちがプレスに期待するような情報や議論の多様性・量・質は利益至上主義では実現できないという議論が一方にあり、他方に、利益のない事業は私企業制度の下では永続できないという議論がある。そのため、新聞も私企業であるかぎり、他の小売商売と同じように顧客の望むものを与えなければ成功しないと言われてきた。この理論に従えば、公共サービスの成功は利益があげられるかどうかにかかってくることになる。同様に、プレスは、大衆が関心を示し好むとプレス自身が考えるものにしばられてしまうことになる。また大衆の関心と興味と好みは大衆が購入するものを見ればわかることになる。この理論に従えば、プレスが街頭の新聞売場や販売所で明らかになる大衆の興味や好みより高次元の場所に立とうとすれば、そのプレスは破産し、私企業としての存在を終えるということになってしまう。

私たちは種々の証言・証拠を慎重に研究したが、このような理論を受け入れることはできない。メディア産業においても多くの新規事業の展開例があるが、公衆の啓発に役立つような良質の事業が実践された場合、それらはいずれもビジネスとして成立している。マスメディア機関は決まりきった要望に対するサービスではない。メディアは現実に、年々、大衆の関心事項を作り、変化させている。メディアにはそれらを低下させず、質的な向上を図る責務があるのだ。

本報告書がこの節で述べている勧告の要点は、プレス自身に国家の必要とする情報と議論の多様性・質・量を担保する責任が当然にあるということである。このことは私たちからすれば、大枠として、プレス自身が認識してしかるべき問題なのである。プレスには自分たちはプロフェッショナルな公共サービスを提供しているのだという自覚を持ってもらいたい。法律や医学などのような歴史が古く基礎の確立された職業に従事している個々人の行動についてもいろいろな意見があるだろうが、全体としてそれらのいずれの職業も、果たすべきだと期待されるサービスに対しての責任を受け入れている。真にプロフェッショナルな人であれば、金銭のためだけではない何かを意識しているものである。

勧告6　私たちはマスメディア機関が情報と議論のコモンキャリアー（公共伝送手段）としての責任を引受けるよう勧告する。

それぞれの地域で支配的位置を確立したマスメディア機関は、オーディエンスの心に無視できないほどの強い影響を及ぼしている。こうした機関を解体すれば、それらが提供しているサービスを止めてしまうことになり、そのようなことはしたくない。私たちはそれらの機関を政府の所有や統制の下に置くことが好ましいとは思わない。したがって、それらの機関は自分たちとは違った考えや立場も快く受け入れ、公表することによって公衆がそれらに注目でき、社会的利益につながるようにすべきである。今のような事業体の集中状態には民主制の精神からみて危険なものが内在しているが、それを避けるにはこのような方法を採る以外にない。

勧告7　私たちはマスメディア機関が当該分野における新規の実験的活動に対し責任をもって資金提供をするよう勧告する。

私たちがここで想起しているのは、すぐには金銭的見返りが得られる見込みはないが、長期的には利益を約束されるような質的に高度な文学的・芸術的・知的活動である。現在、市民が多種多様な映画やラジオにアクセスできる地域は大都市圏にかぎられている。その他の地域では、真面目な少数者は事業者側が大衆の好みだと想定したものだけを与えられ、選択肢を奪われている。映画やラジオ番組でも新聞や雑誌でも、こうした少数派向けに制作されたものは最初は利益にならないであろう。そうしたもので成功するには相当な投資が必要である。したがって、手早く利潤をあげようとする資本にとっては魅力がない。非営利機関であればこの分野で可能なこともあるだろうが、それだけで全部の仕事がやれると期待するには無理がある。メディア産業としてコンテンツの多様性と質を維持する責任を果たすということは、その他のビジネスであげた利益によってこうした新しい起業の資金調達の援助を図るべきだということである。

勧告8　私たちはプレス機関が活発な相互批評を行うよう勧告する。

マスメディア側が犯した間違いや誤報、捏造や犯罪を同業他社のものが黙って見逃しているかぎり、プロフェッション（専門職業）としての高い水準はおそらく維持できない。本書の第5章で示唆したように、それでは違反者に対しその生活手段としての職を奪うほどの強制力を持つプロフェッショナルな組織が作れるとは思えないし、そうしたやり方は好ましいものでもなかろう。プレスの不祥事を処罰するために政府権力を発動すべきではないという私たちの希望は具体例を挙げてすでに何回も述べてきた。もしプレスが社会的な責務を果たそうと自覚しているならば、——もし今後とも自由であり続けたいと考えるならそうしなければならないのだが——その構成員は公開の批評という、プレスが持っている唯一無二の手段によって相互に規律の維持、向上を図らなければならない。

勧告９　私たちは考案できるあらゆる方法を用いてプレスがそのスタッフの能力・自立心・効率性を高めるよう勧告する。

プレスの質は非管理職である現場の人たちの能力と自立心によるところが多い。ところが現在、彼らの賃金もその世間での評価も低く、雇用にも安定性がない。十分な報酬、十分な社会的認知、十分な雇用条件での契約といったことが、プロフェッショナルな人材開発のために欠くことのできない前提条件であると思われる。

ジャーナリズム教育については本章で後述するから（提言12）、ここでは新人やすでにこの分野の職場に就いている男女に理知的な教育計画を実行していけば、プレスはそのスタッフの質的向上に相当なことができると指摘するだけにしておく。ハーバード大学のニーマンフェロー奨学金事業が提供しているような現場のジャーナリストへの教育を拡大していくことには意味があり、もしそれが個人的な慈善行為では困難だとすれば、プレス自身が財政負担をしてそうしたプロジェクトの推進をしていくことが必要であろう。

勧告10　私たちはラジオ産業がその放送番組をコントロールし、その広告について一流新聞がそうしているのと同様の取扱い方をするよう勧告する。

ラジオ番組が広告主によりコントロールされているかぎり、ラジオは責任あるメディア機関にはなれない。もし新聞の論説やその関連記事が広告主に支配され、広告と記事や論説とが混合してしまって読者にはその見分けがつかなくなれば、その新聞は自らのことを立派な新聞だとはいえなくなるだろう。この勧告が重要で、かつ妥当なことは私たちには自明であり、議論の余地はない。ラジオは人間の知っているもっとも強力なコミュニケーションの手段である。ファックスやテレビの出現によって、ラジオはさらにいっそう強力なものになろう。公衆は、そのラジオ聴取料金を洗剤・化粧品・タバコ・清涼飲料・缶詰の製造業者から取り立てるやり方にこれ以上組み込まれたままではいけないのである。

公衆は何をなすべきか

この国の民衆はプレスによる生産物の購買者である。こうした構造があるとき、買手による商品ボイコットはたとえそれが小規模のものであったとしても大きな効果があったことは過去の事実がよく示している。しかし多くのこうしたボイコットは間違った目的のためにする誤ったものである。そうしたものは正当な批判に対して自己防衛をしたり、何か特別の利益を得ようとする圧力集団によるものだからである。だが、そうした努力が成功するところから見ると、もしアメリカ人たちがプレスの提供するサービスを不満として反抗すればどのような結果になるかがわかろうというものである。

私たちはそうした反抗を支持しないし、それほど過激でない方法でプレスを改善することができるよう希望している。反抗がどのような方向で収束するか私たちには予測できないが、おそらくは政府の統制もしくは修正第一条の骨抜きにつながることになろう。私たちはプレスが自由であることを希望するが、国のために本当に自由なプレスを作ろうという目的で行われるプレスに対する反抗も、結果としてはプレスの自由を現在よりも小さなものにしてしまう可能性がある。

今いちばん必要なことは、今日の世界危機においてプレスが不可欠な重要性をもっていることのアメリカ国民による認識である。私たちの印象ではアメリカ国民は自分たちに何が起きたのかが分かっていないようだ。彼らはコミュニケーション革命が起きたことの意味に気づいていない。彼らは新しい道具と組織によってどんなに大きな力が少数の者たちによって握られるようになったかを正しく理解していない。彼らにはプレスの活動が今日の世界の自由な社会が求めている水準にはるかに及んでいないことがまだ理解できていない。本報告書の主な目的がこれらの諸点を明らかにすることにあるゆえんである。

それではこうしたことが明らかだとすれば、アメリカ国民はそれについて何ができるのであろうか。答えは、国民が既存のプレス機関を補完したり、目標として切磋琢磨すべき水準を提唱したり、その社会的責務を果たすようにメディアを改善したり、新しいメディアをスタートさせることができるようになるということである。

勧告11　私たちは非営利機関がアメリカ国民の求めるプレスによるサービスの多様性・量・質の保障を援助できるようになるよう勧告する。

私たちはマスメディア機関には公衆に対して教育機関と同じような責任があるのだという信条を持っていることを示唆してきた。ここで私たちがさらに付言しておきたいのは、教育機関はマスメディア機関が保有している施設を利用すべき責任を民衆に対して負っているということである。ラジオ・映画・テレビ・ファックス新聞は人びとの精神形成においてもっとも強力な手段である。だからこそ私たちはこうした事業が営利機関によって独占されるのを危惧しているわけである。教育機関は必ずしも金銭問題と関係がないわけではないし、財政に関連した圧力を受けないわけでもない。しかし非営利法人は収益をあげるという目的で設立されているわけではない。それは国の文化的発展に関心を持つ人たちすべての協力を得ることが可能な組織なのである。だからこそ、そうした組織であれば、営利目的の商業組織には不可能なサービスを提供することができる。

このような非営利機関が良質なものを望む世論を組織化し、さらには自ら良質なものを提供することによって公衆がアクセスできる情報や議論に多様性という要素を復活させることができる。さらにさまざまな宗教組織とも連携して、図書館・学校・単科大学・総合大学のネットワークを作れば、マスメディアの中にドキュメンタリー映画のような分野を確立することが可能になる。教育系番組中心のＦＭラジオ局のネットワークができれば、それは人びとにアメリカの最善の思想を紹介できるし、現行のラジオ番組の多くの馬鹿さ加減がじっさいに明らかになるであろう。

要望を組織化する仕事に必要なことは、まずそうした機会や協力が大切であることを認めることである。しかし、そのことに教育機関が反対しているようだが、それは世情に反するものである。同時に、良質のものを提供しようとすれば、それ以上に、プロフェッショナルな技能を修得しようとする懸命の努力が必要となる。その技能があってはじめて、非営利法人による努力が二流どころの素人の仕事だと嘲笑されなくなるのである。

私たちには非営利機関が将来ともに目の前にある機会をつかもうとしないとは考えられない。教育が一生涯を通して行われるものであることは明白で、これまでも言われてきたことである。

さらには、労働時間が短縮され、余暇時間が増えてくれば、人びとにこの余暇時間の賢明な利用をさせるということが教育者の職務責任となってくる。こうした使命遂行の必要度は現在、ますます増大してきている。世界はまさに自殺寸前の状態にあるかにみえるが、今日の大人たちがどうすれば相互に平和に暮らしていけるかを学びさえすれば、最後の大惨事は避けられる。それには次代の国民を時間をかけて教育するだけでは不十分なのである。時間的余裕があまりないのである。教育者たちは努力して今こそ世界中の人びとの知性を豊かにするという大きな課題を担わなければならないのだ。教育者のこうした使命が大きくなり、緊迫度を増しているとき、驚くべき広い範囲で、能力的にもすぐれた技術が彼らに利用できるようになっている現状はまことに幸運なことだといえよう。

勧告12　私たちはコミュニケーションの領域における高度な学習・研究・発表を行う学術的専門的研究センターの創設を勧告する。くわえて、私たちは既存のジャーナリズムスクールが当該大学内の全機能を動員してその学生にもっとも幅の広い、専門分野にとらわれない自由な教養を身につける教育をするよう勧告する。

コミュニケーション分野の重要性がアメリカの教育機関にはまだ十分に認識されていないように見受けられる。ただしこの方面での専門職業あるいは技術教育の学校を新たに設立する必要があるかどうかについては疑問がある。しかし調査や大学院レベルの研究、批判的見解の発表を行うセンターを各地に設置する必要があると考える。じっさい、以上に述べた事柄はきわめて重要なことであり、その実行なしには、私たちがここでプレスに対して勧告したようなプロフェッショナルな行動や態度がコミュニケーション産業界における特色とはなり得ないであろう。

プレスに職を得る前の準備として、可能なかぎり最高の教養を身につけられる教育が必要であると思われる。ジャーナリズムスクールに入学してくる学生たちはプレスで働こうと決心している者であり、彼らからそうした幅広い教養教育の機会を奪わないことが大切である。ところが既存のジャーナリズムスクールにおいて、当該学部内だけでそうした教育課程を展開できるところはほとんどない。そのため、大学内の他の学部や大学院ができるだけ緊密な連携をはかることが肝要である。

勧告13　私たちはプレスの活動について、年次評価や報告をする独立機関の創設を勧告する。

今のところ、公衆がその存在をプレスの側に認識させられるのは主に圧力団体を通してである。こうした団体の影響には多くの善い面と同じほどの悪い面もあるようだ。だが、私たちはこの点に関して政府に国民全体の代表としてその役割をまかせることはできないし、もし仮にできるとしても私たちにはそうするつもりはない。とはいえ、アメリカ国民がプレスの実際の活動と国民によるプレスへの期待との落差を比較して理解し、プレスに対して抱く希望を反映させられるような機関の設置が必要であることは明らかであろう。こういう機関が実現すれば、国民がプレスに対してどのような期待を持つべきかという国民教育をすることもできるようになる。

本委員会はこの組織の在り方をつぎのように提案する。それは政府からもプレスからも独立していること、寄付金によって創設されるべきこと、十年の試験期間を与え、その終わりにその活動評価をおこない、本来の目的に一番かなった研究組織を新たに構想するということである。

そうした機関の活動として以下のことが想定される。

1　メディア関係者との合同会議や組織自らのスタッフによる研究・調査によって、本委員会がその端緒になろうとしてきた、プレスにとって実行可能な活動倫理基準作成という課題への援助を継続すること。

2　ある一定の地域ではプレスのサービスが不十分であることや、その他の場所では集中化の傾向があることを指摘すること。そうすることによって当該地域社会やプレス自身がそこに不足しているサービスを補完したり、独占化が過度に進行し危険である場所においてはそれを防ぐための別のサービスを提供できるようになるからである。

3　メディアのチャンネルに適切なアクセスができなくなっているマイノリティグループが存

在している地域においてその実態調査を行うこと。

4　アメリカのプレスによって紹介されているアメリカの生活がどのようになっているかを外国において調査すること、ならびに外国のメディア機関および国際間のコミュニケーション分析をやっている国際機関と協力すること。

5　公的事象の判断に必要なデータをいつも誤って報道している点にとくに注意して、プレスの虚偽・捏造事例を調査すること。

6　メディア産業の諸部門において、その活動傾向や特色に関し定期的に表彰すること。

7　コミュニケーションに良い影響を与える政府の措置に対して常に賛辞を送ること。

8　大学におけるコミュニケーション分野の高度な教育・研究・批評のできるセンターが設置されることを奨励すること。

9　特別の要望をもつオーディエンスに応じられる可能性をもったプロジェクトを奨励すること。

10　以上の諸点について広く社会に広報し、社会的な議論を喚起すること。

以上の勧告は全体として、どうしたらプレスが社会に対する責任を自覚して行動し、自由になれるかの方法のいくつかを示すものである。それらの勧告が実行されれば、プレスの活動は第二章で挙げたニュースや思想の伝達について社会が求める五つの理想的な要望に大いに近づくことができることになろう。その五点を再説しておけば、次のようなものであった。（1）日々の出来ごとの意味について、他の事象との関連のなかで理解できるように、事実に忠実で、総合的かつ理知的に説明すること、（2）意見や批評を交換するためのフォーラムであること、（3）社会を構成するいろいろな集団の意見の大枠を描写すること、（4）社会の理想と価値観を提示し明確にすること、（5）現代の最新の知識・情報を社会の隅々にまで届けるようにすること。

率直に言えば、以上の五つの理想のどれを実現するにも先に挙げた私たちの「13の勧告」のうち二つ以上が実行されなければならないであろう。だが、この両者の関係についての詳細な説明をするよりも、本委員会の調査期間中、委員たちが悩まされ続けた現在のプレスが持っているいくつかの問題の是正には、それらの勧告をどのように組み合わせれば可能になるかを指摘しておくほうが役立つと思われる。

ラジオが全市民に適切な普及をみせていないのは連邦通信委員会（FCC）の事業認可政策によって是正されるだろうし、国際問題に関するアメリカのニュースや意見については特別研究報告書『民族間の対話』において提案されているいくつかの方法で解決に向かうであろう。

事実の意識的な歪曲や調査不足での誤報は記事の取消表明や釈明を義務づけた新しい法律の制定などによって減少するであろう。くわえて、プレスの側が正確性に対し従来以上の責任があることが当然とされ、真実からの大幅な逸脱があれば他の新聞などのメディアが進んで相互批判をおこなうことや、正確な報道をするプレスに対し市民団体が定期的に表彰するようになれば、いっそうその効果があがるであろう。

プレスはその伝達情報の大部分を最大多数の消費者が希望していると想定されることに合わせようとする傾向があり、その結果としてセンセーショナリズムと無意味な情報の提供をしがちだが、上記のような市民による定期的な表彰がなされ、かつプレス自身と非営利機関が個々の読者・聴取者層の要望に応じられる活動を新たに始めることによってその改善を図ることができる。ラジオの場合であれば、放送内容の質はコミュニティ単位で聴取者団体を組織したり、ラジオ局自らがその番組編成の実質的権利を広告主やその代理店の手から奪い返す決心をしさえすれば改善できる。

専門分化した社会で自由なコミュニケーションを確保するための最大の困難は、コミュニケーションの各分野ごとに権力の集中が起きているところにある。その一番はっきりした例はコミュニケーション事業における所有の問題である。しかしこうした集中は広告主や労働団体、組織的圧力団体間の権力関係にもあり、それらのすべてがニュースと思想の自由な交換を妨げる可能性を持っている。その結果、コミュニケーションの全機能がますます少数の者によってコントロールされていく危険が出てくる。

こうした集中によって、プレスの提供情報はオーナーの偏見の反映となり、社会の重要な構成要素の生の声を適切に表現しなくなってしまうことになる。

私たちは集中に伴う悪い影響を防ぐために、新聞その他のマスメディア機関は自分たちを情報や議論のコモンキャリアー（公共伝送手段）であると考えること、新しい事業体がその分野に参入してくることを奨励すること、そして情報制作・送出源がその表現手段を独占支配しないよう政府が監理すべきであることを強調してきた。

最後になるが、本委員会の各委員は多くの有能な報道記者や解説記者たちが不満を持っているのを知り困惑した。自分たちのプロフェッション（専門職業）の理想的な仕事がさせてもらえない、社会がプレスに求めるようなサービスにも応えることができないと感じていたのである。このような困った状態が続くようであれば、プレスが社会に対して果たすべき責任は遂行できなくなってしまうであろう。その是正策について私たちが強調してきたのは、プレスはその擁するスタッフの能力と独立性を伸張させるべくあらゆる方法を講じること、また大学やジャーナリズムスクールが、現役記者やプレスへの就労希望者に公共問題についての判断ができる訓練をすべきだということである。多くのこうした方策が重ね合わさってプレスを下から支えている現場のスタッフが立派なプロフェッショナル（専門職業人）に成長するのである。

法律や世論といった外部の力も多様な仕方でプレスの活動の悪い面をチェックできるが、プレスの良識的な活動は当該コミュニケーション手段を運用している人間のみがなし得ることである。

私たちはこれらの勧告が全体として、プレスが対社会的な責任を自覚して活動し、そのことによって自由を維持するためのいくつかの方法を示唆することができたものと信ずる。この国が直面している緊急かつ複雑な問題、私たちの自由な社会に迫りくる数々の新しい危険、新たな外交政策が採られるたびに何のためにプレスがそれを伝えるのかといったことの重要性は、民主主義の維持、そしておそらくは文明の維持というものが今や、自由で責任あるプレスに依存しているということを示している。私たちが進歩と平和を望むならば、私たちはそれに値するプレスを持たねばならないということである。

ロバート・M・ハッチンス　アーチボルト・マクリーシュ
ゼカライア・チェイフィー・Jr　チャールズ・E・メリアム
ジョン・M・クラーク　ラインホルト・ニーバー
ジョン・ディッキンソン　ロバート・レッドフィールド
ウィリアム・E・ホッキング　ビヤーズレイ・ルムル
ハロルド・D・ラズウェル　アーサー・M・シュレシンジャー

ジョージ・N・シュスター

（注1）ミズリー州の新憲法は、あらゆる「表現の自由」の保護を規定している。
（注2）リースマンが『コロンビア・ロー・レビュー』誌に寄稿した論文から引用（XLII, 1282, 1314-40）。この代替法および政府とプレスとの関係のより包括的な議論については、シカゴ大学から出版予定の、本委員会委員の一人ゼカライア・チェイフィー・Jr著『政府とマスコミュニケーション』を参照されたい。

補論　プレスの自由――原則についての概要（注1）

言論（speech）とプレスの自由（freedom）はあらゆる自由（liberty）概念の中で中心的な位置を占めている。人びとが相互に自分の考えを自由に伝えることができなければ、その他のあらゆる自由も保障されないからである。表現の自由（freedom of expression）があるところには自由な社会の幼芽がすでに育ち始めているということであり、自由があらゆる方向に伸張する手段が準備されているということである。したがって、自由な表現（free expression）は他の自由を保護、促進させるものとして多くの自由の中でも特別の位置を占めるものなのである。その証拠に、政治体制が独裁主義に移行するとき、言論とプレスは制限や統制の最初の対象リストの中に入れられる。

米国憲法修正第一条がそうであるように、プレスの自由と言論の自由とを同一の区分として扱うことにはいくつかのもっともな理由がある。プレスは最初、口頭の演説を聴くオーディエンス（聴衆）の範囲を拡げるための手段にすぎなかった。印刷された言葉は声の届く範囲よりも遠く、より多くの人に届くし、時間を超える性質があることから、刊行後もずっと「話し続ける」ことができる。しかも、このように時間と空間の拡大ができるようになっても、演説者（speaker）と聴衆との関係やメッセージの本質が変化するわけではない。今日では、ラジオ電波の利用により、肉声が自然条件という制約から解放され、距離的には印刷物と同様に遠くまで、数量としては少くともそれと同量の人たちに、また時間的には、はるかに早く伝わる。これは直接的言辞とプレスという二つの社会的機能が融合していくさらに明白な証拠である。

同時に、言論とプレスとの間には重要な相違があることも明らかである。言論は自然なものであり、何人にとっても不可分かつ社会的存在を支える呼吸のようなものである。またそれはあらゆる精神生活の大切な道具であることから、言論の自由がなければ、思考そのものが完全に自由にはなり得ない。それに対し、プレスは進化した社会の一つの制度、機械を利用した制度であり、かつ新しい道具が工夫され登場するたびにその能力が大きくなるという性質を持っている。個人生活の活動範囲が何倍にも拡大するにつれて、プレスにも自らのサービスを拡大していきたいという意欲がわいてきた。プレスは大きな国々の内部統一を図る上で多くの貢献をしてきた。プレスの助けがなければ、もはや人間の初歩的な社会秩序を保つことさえ考えられない。そうしたプレスが今日直面している問題の多くはその活動実態から来ているといえる。そうした事情を理解すれば、現行の法律や私たちの社会的態度を形成している従来的な原則の基礎が、果たしてこれから迎えることになる時代に十分通用するものであるかの検証は私たちの義務となってくる。

私たちはまず、社会的存在であるプレスの現況をいくつかの要素に分析し、「プレス」と呼ばれているものの現実の姿からそれに不可欠な本質的要件とは何かについて検討していこう。以下、私たちが「プレス」という用語を使うときには、新聞・雑誌・書籍あるいはラジオ・テレビ・映画のいずれかを問わず、民衆に対し、ニュースや意見、心情や信条を伝える一切の手段を含めていることを了解されたい。

1　直接の利害関係当事者

私たちが「プレスの自由」という言葉を使う場合は、利害関係当事者の一方だけのことを述べている。「プレス」という用語はマスオーディエンス（大量の受信者）に届く伝達手段によってニュースや意見などを「発信する者」（issuer）を意味しているわけである。しかしニュースや意見を誰もいないところへ向けて出そうとするものはいないので、少なくとも利害関係のもう一方の当事者である、ニュースや意見の「消費者」としての読者・聴取者がいなければならない。私たちはそれらの人びとを総称してオーディエンス（audience）と呼ぶことにする。

さて、この「発信者」の関心は、まずもって、外部からの強制や束縛を受けることなく、自分の心の中にあるもの、つまり思想や事件の報告、感情・判断・抗議・商売上の提案・アピール・

計画や予測などを表現することである。だがこの時のプレスにとって、想定したオーディエンスがはっきり理解できているわけではないし、個々人として判明することもほとんどない。それは想像上のオーディエンスであり、希望的に代表的オーディエンスだと想定されたものである。というのは、それが一般に「パブリック」（公衆、public）と呼ばれている人びとなのだが、それはせいぜいのところ、現実の「パブリック」というもののそこそこのサンプルにすぎない。言論の自由がありさえすれば、こうした人びとの一部からメッセージが他の人たちに伝わり、運がよければその情報が欲しい聴衆の耳に達することになるということである。

消費者の関心は、細かく言えば、きわめて多種多様かつ個人的なものである。しかし、精神活動に敏感な社会では個人的体験範囲を超えた経験・思想・感情などを知りたいという欲望がかなり一般的にある。そればかりか、個人的には関係のないことまで知りたいとの欲望さえあるものだ。直接に自分とは関係のないことにまで関心を持つのが人間の本性だからである。こうした関心はきまぐれで起きたり、ふとした好奇心であったりする。あるいはそこから強い情報取得欲求に発展することもある。いずれにしても、欲求の特質とはそういうものだから、完全な満足というものはなく、たえず次の欲求が起きてくる。そのため、情報発信者は通常、そうした潜在的な欲求の発生を見越して、それまでにはなかった新たな要望を作り出そうともするであろう。

一つのコミュニティ（community）の中に二つの当事者があるときにはいつも、第三の関係者としてコミュニティそのものが存在している。この場合のコミュニティとは情報の発信者と消費者の双方を含む社会全体のことであるから、コミュニティはあらゆる議論、なかんずく大衆に向けられた言辞による影響に利害関係を持っていることになる。というのは、あらゆるコミュニケーションはその直接的意味伝達とは別に、コミュニケーションへの参画者、社会組織ならびに集団の自由な結合の強さを測定する共通基準の形成に影響を及ぼしているからである。

2　利害関係当事者の自由

情報発信者（メディア企業）の利益はオーディエンスなしには獲得できないものだが、利益をあげるために強制的にオーディエンスを作り上げて何かを押しつけることはできない。聞かなくてもよい自由を持っている人たちの中からオーディエンスを迎え入れようとするだけである。プレスの自由というものはある特定のプレスの生産物を「消費しない」という消費者の自由を必然的に含んだものでなければならない。そうでないと、発信者の自由は消費者の自由を犠牲にしてはじめて存在できることになってしまうからである。

発信者がオーディエンスに強制することができないように、情報消費者のほうも強要して発話者（speaker）を作り出すことはできない。消費者はその発話者に対して、日常的に述べていることよりも啓発的で優れたものを提供すべきだといった要求をする権利を通常もっていない。その意味ではメディアに登場する表現者は非凡な才能を提供していることになる。しかし消費者も単なる受動的な客体ではない。発信者は消費者が自由意志で注意を向けてくれなければビジネスを成立させられないのだから、消費者は発信者の盛衰を左右する力を持っていることになる。消費者は自分が望んでいることが提供されると、それを何としても入手しようとして、そうした思想的生産物を発信者から引き出すようになる。大きなプレスが作られ、市場向けに工夫された思想や思想もどきがその中にさまざまな比率で混合された大量生産体制が維持されるようになるかどうかも、消費者の自由意志による支持があるかどうかで決まる。また消費者の中には特殊な要望・興味もしくは偏見に合致するメディア機関を同じ考えの仲間と一緒に作るところまで進むこともあろう。そうなると情報の消費者が発信者を支配する、あるいは自らが発信者そのものになることになる。しかし消費者は意見の発生そのものをコントロールすることはできない。思想は何に妨げられることなく自由に発生するし、まったく個人の発意によるものである。思想の発生が豊かであるか適量であるかは自分の土地の肥沃度と同様にそれこそその人の努力しだいによって決まるからである。だが、この点に関し、消費者のほうはどうしても意見の出所の自由に関心を持つ傾向がある。そうした意見の出所が消費者自身を含め、誰からもチェックされたり歪められたりしなければ、消費者は最も広範囲にわたる最も誠実な情報の提供を受けられることになり、その中から自分に合うものを選択したり、組み合わせたり、一部を自分の中に採り入れることができる。そうしてはじめて、消費者の利害と発行者のそれが名実ともに一致するようになる。

このように直接の利害関係者には二種類あるにもかかわらず、現在では、「条件を単純化してそのうちの一方だけが保護すべきもの」とされている。つまり発行者の自由が保護されれば、それが消費者の利益の保護となり、コミュニティの利益も保護されるというわけである。これまでの歴史では「プレスの自由」については発信者の自由の保護をすればよいとされてきたのである。

しかし本研究が示そうとしているように、状況が変われば、消費者の自由も保護を必要とすることになろう。もし消費者からの要請の実現がさらに緊急性をおびてきているのに、消費者の享受できる情報源の多様性がプレス産業の集中化などで限られたままであれば、現行プレスが提供する特定の情報は消費しないという消費者の自由は消失してしまう。そうなれば発信者だけを保護してももはや充分ではなくなる。このテーマについては再説するつもりであり（本補論第11節）、もうすこしだけ、発信者の自由についての理論の検証をしていこう。

3　発信者の自由の保護の必要性

意見の発表とは、ただ「私の考えでは……」と述べることだけではない。それは一つの社会力

(social force) であり、またそうなることが企図されているものである。

文明化社会はさまざまな思想(ideas)の活動しているシステムであり、それらの思想を消費しながら存続し変化している。つまり、そうした社会は自らが体現している思想の成果に対する攻撃には弱いということである。またすべての個人や団体の意見に一致するような思想を述べることは、人びとの考え方を変えようとする思想を述べるときよりも小さなエネルギーですむのが普通である。反対に、社会的分野における斬新な思想は抵抗を引き起こしがちである。だから、そのような発信者には保護が必要となる。しかしどのような保護が必要なのか。

表現の自由は敵対的な反駁を封じることによって、簡単に安全な地位を占めてはならないものである。なぜなら、反論もまた表現だからである。自由な表現は社会対立を抑えるのではなく、それを解放すべきものである。しかし解放の目的は「社会対立のレベルを暴力という地平から議論という地平に引き上げよう」ということにある。これは発信者にとっての、怒り・侮辱・苦痛あるいは顧客の喪失による被害が出ないように発信者が保護を受けることではない。それでは発信者を批判する側の自由がなくなってしまうからである。発信者にとっての表現の自由の保障とは、議論の中心的な問題や議論に関係のないような損害、たとえば、発信者の事務所を破壊したり、従業員を威嚇したり、後援者を脅迫したりすることなどから彼らが保護されるべきだということである。

表現の自由の定義について、それは発信者がどんな提唱をしてもその発信者にはいかなる苦痛も侮辱も与えないことだというものがいる。そうした状態が仮に理想だとすれば、そのような理想はあらゆる思想がその社会に対してはまったく無力か無関係であるような社会でのみ実現するものである。現実の社会であれば、自由な言論には勇気が必要であろう。そして自由な表現にとっての第一の危険は、常に情報源に対するもの、発信者が公表を躊躇すること、あるいは買収を受けることなどとして表れる。

4　自由な表現の保護に有効な機関はコミュニティと政府である

コミュニティ（生活社会）の運営は、投票箱によって社会対立を解消させ、実行する前に討議をする、さらには時間をかけて育んできた自制とか寛容などの伝統によってなされている。しかし、最も安定したコミュニティにおいても、思想の対立は長びくにつれて次第に物理的な対立に転化しがちである。そして論戦は次第に低調になり、相互に見当違いの懲罰を科し、悪意に満ちた圧迫、脅迫や買収、果ては窓ガラスが割れ、頭を傷つけるといった取っ組み合いになる。演説やプレスによる議論があくまで議論として続けられ、対立を物理的な損傷事件にしないようにできるのは物理的権力を独占的に保持している政府だけである。また、自由に対する露骨な威ならない。

嚇がたえずコミュニティ内部からなされるから、公共の秩序や、人権・財産を守るということが本質的な政府の機能であることが自由な表現の基礎になっているということを私たちは忘れては

社会に一つの制度、会員が共通の信条や利益などで結ばれている団体あるいは組織的権力があれば、それが良いものか悪いものか、あるいはその両者の混合したものかは別にして、そこには自由な批判を抑えつけようとする潜在的（あえて「実在的」とはいわない）な力が働くことになる。それは、単にその相手の議論に合わせるよりも、そうした批判をけなしたり抑えつけたりするほうが人間の本性からいって自然であるからだけではない。同時に、批判者やそれに耳を傾けるオーディエンスに共通する分別のなさが原因である場合もある。さらには、理性に訴えるはずのプレスの自由が公衆の感情・無知・偏見・無気力に訴える自由とされる傾向もある。だが、私たちはそうしたプレスの自由は危険であるという事実を看過してはならない。といって、論議を拒否したり、自由な批判に加えられた不当な圧迫や弾圧に対して大衆の心の中にある理性に期待してそれに訴えてみたところで、悪意の議論を是正できるわけではない。デモクラシーへの唯一の希望はそうした理性を信じることには意味があり、この信条によって批判者の自由を断固として守るところから始まるのである。

プレスの自由を第一線に立って守るべきは、秩序と個人の安全を保持し、サボタージュや脅迫

あるいは贈賄・腐敗に対してプレスの自由のために可能な制裁を加えることができる政府だということである。

5　政府の権力に対抗して自由を守る政治

自由を保護できる権力はまた自由を侵害できる権力にもなり得る。このことはコミュニティと政府の双方についていえることである。近代社会においては、政府とその市民の自由な表現に対する政策についての定義をしておくことがとりわけ重要である。

というのは、近代的政府は自由主義的であろうとなかろうと、例外なく、特定の思想的立場を保持している。しかし政府の安定性は批判者たちの能力や説得力が高いほど、相対的に弱くなる。国民投票によってできている政府でもこの原則の例外ではない。それどころか、世論が役人とその関係者の就労や生活の保障に与える影響力が大きければ大きいほど、政府は公開の討論に付される思想やイメージを操作しようとする独特の誘惑にかられるものである。

そういう状況の中でプレスの自由に実効力をもたせようとすれば、政府がプレスの発言に干渉したり、規制・統制あるいは弾圧したり、もしくは民衆の判断が形成されるデータを操作したりできないよう政府みずから自分に制限を加えなければならない。

私たちのいう自由社会とは、第一に、政府が一定の人間的自由、すなわち成熟した人間の正常な発展に必要な自由に関し、政府の行動の範囲をはっきりと制限するような社会のことである。自由な社会には、思想・良心・信教・言論・人間・集会の自由が備わっているものである。プレスの自由はこうした自由と緊密な相互尊重関係にある。だからこそ、これらのすべての自由が財産に関する若干の条項とともに米国憲法権利の章典の中心部分を構成しているわけである。

6 権利としての表現の自由

もし政府が以上のような利益を考慮して、自身の行動の範囲に制限を加えることを受け入れるとすれば、それらの利益が重要であるからというだけではなく、道義的な権利（moral rights）でもあるからである。そしてこれが道義的権利である理由は、その行使が市民とその生活社会（コミュニティ）の双方に有益であるうえに、義務という側面を伴っているからである。

表現の動機のすべてがそれら本来の義務に忠実であるものばかりではないのは確かである。それらには人間の感情そのものと同じように厳粛であったり、気楽であったり、あるいは思いつき的なものから計画的なもの、技巧をこらしたものから単純なものまでいろいろあるし、またそうあってしかるべきである。近代国家においてはビジネス活動をはじめ、すべての社会活動にプレスと個人的言論の利用が必要であり、それらの自由を当然の前提としている。しかし表現の中心となり、責務が他よりも大きなものがある。それが思想と信条の自由である。もしある人が思想をもっていれば、その人はそれを表現したくなるのは当然であるし、またそれは表現されてしかるべきである。批判と世間に対する訴えは社会的に不可欠な機能だが、遠慮がちな人にとってそれはいやなものであろうし、論争好きな人にとっては魅力的なものであろう。しかしどちらも自ら希望してやることではない。それはコミュニティとそれを超えた何物か──いわば真理に対する忠順といったものの一つなのである。(注2)それは科学者がその結果に対し、ソクラテスがその託宣に対して果たした義務のようなものなのである。同様にそれは、各個人が自己の信条に対して負う義務でもあるのだ。言論とプレスの自由は国家を超えるこうした義務を持っているからこそ、国家がこれを侵害することが許されない道義的権利だといえるわけである。

責任感のある言辞には国家に対して注文をつける権利があるのだが、同時にこの権利は合法的なすべての表現に対しても当然適用されてしかるべきものである。

国家がおこなうこうした自制は終局的には公共の利益に反するようなことになるはずがない。というのは、発表された意見に対して国家がどのような判断をするにしても、国家にとってその市民の良心を抑制することでほんとうに利益になることなどあり得ないからである。それどころか、いずれの近代国家にも市民の良心が国家の生命力を持続させる源泉の一つであるという認識ができている。そして市民が良心という責務を守っているところではどこでも、その主権国家にはもう一つの責務、すなわち市民のそうした良心に応える責務が存在する。だからこそ、市民の利益と市民の義務の両者があいまって、このような道義的権利に国家が法的根拠を与えるようにしているわけである。

このような考え方は論理的にいって、自由なプレスについての伝統的な論拠、つまり意見を自由に発表することが公開された討論の場（public arena）において「虚偽に対する真実の勝利」を促進することになるという主張よりも大事なものである。公開討論は自由社会にとっては必要な条件であり、表現の自由は素材が十分に提供された議論を成立させるためにも必要な条件である。だが、それだけでは充分な条件たり得ないのだ。多様な意見がいくらあってもまともな議論となるとは限らないからである。したがって、ここで検討しておかねばならないのは、私たちがいま公開討論（public discussion）といっている現実のプロセスが健全な民主主義が必要としているような機能を果たしているかということである。いずれにしても、公開討論というものは情報の消費者としての人びとを当惑、困惑させないようにしながら、その精神の力や幅を拡大するプロセスである。それはまた精神的に強靱な民衆を作り上げるのに不可欠なものである。しかもそれがなければ、自治社会は機能しなくなってしまう。だが、そうしたプロセスそのものに対する基礎資料の提供源になるのは個々の思想家が自分の思想に対してもつ責務（duty）なのである。そこにこそ、思想家のもつ権利が生じてくる論拠がある。

プレスを所有し、編集者となり、あるいは既存のプレスの常連たちと親しくなることは個人的な言論の自由とは違い、すべての市民の享受できる権利ではない。しかし健全なプレスの自由とは、公衆に聞かせる価値のある思想は公衆が聞けるように取りはからうこと、さらにはどのような思想が公衆に聞かせる価値があるかを決めるには編集長やオーナーの偏った特定意見だけではなく、公衆の意見にも耳を傾けるべきだということである。人数の多いコミュニティでは人びとに広く知らせるため、提供すべき思想には思い切った調整をするという措置が必要であることは明らかである。しかしこの選択手続きにも自由がなければ、プレスの自由など無意味であると嘲笑されることになる。つまり、自由な言論とは、不規則的な声高発言への対処を含め、自由なプレスがその玄関前に備えておくべき広場への入り口であること、ならびにプレス機関が人びとに知らせるための設備を所有しているということが、人びとに注目をさせるという当該コミュニティにとっての必要かつ正常な言論選択のプロセスを無視する特権につながってはならないということである。(注3)

7 表現の自由の道義的権利は無条件のものではない

もし権利の主張にさまざまな理由があり、またそれらすべての理由に合理性があるとすれば、それらの合理性が権利を主張し得る条件になる。つまり、そうした条件が満たされなければ、主張の根拠が自動的に消滅するということである。

この論理からすると表現の自由権の主張は自己の思想に対するその人の責務に基礎を置くことになるから、発信者が嘘つきであったり、金を貰って政治的判断をする編集者であったり、不条理な憎悪心をたきつけたりして、この責務を無視あるいは拒否するようであれば、このような権利を要求する根拠がなくなってしまう。道義的義務を受け入れない場合には道義的権利もないということである。

理性的に考えれば、人間は義務を完全に拒絶できるかという点については疑問が出てくるであろう。もっとも、人間が自己の誠意を拒否した言動をわざとすることもときには起きる。だが、いちど嘘をついたからといってその人が嘘つきだということにはならないし、いちど賄賂を受け取ったからといって、その人が収賄の常習者とはいえない。くわえて、一人の人間が公表されて当然の、そして受忍すべきでない苦しみから感情的かつ扇情的な発言をしても、その雑言の中にも大切な真理の一片が含まれていることもあろう。また、嘘つきのことを、真実を言わないほうがいいと判断したとき以外は真実を述べる習慣を持った人と定義するならば、プレス関係者の嘘つきなど珍しくはない。人は自分の究極的な人間性と自由とを自分で分離などできるものではないが、その人の場合には自分の自由を破壊するために自分の自由を利用しているということだけはいえる。その結果、意見の発信者としてのその人の権利の要求は、その行為によって根拠を失ってしまうということである。

あらゆる権利には、道義的であろうと法律的であろうと、それらの要求者の意思に関するかぎりそれなりの根拠があるもので、無条件に権利だけが存在することはあり得ない。さまざまな権利は神（Creator）から無償、無条件に与えられ誕生したのだという考え方は、専制的政府に対抗する驚嘆すべき闘争原理となり、歴史的使命を担ってきた。しかし現在までに得られた政治的自由との比較考量をすれば、それには制限の必要が出てきていることは明白である。義務を果たすという条件とはまったく切り離され、今では無意味、無用になった生得権という観念がプレスをはじめとするあらゆる自由な制度を鼻先で嗤うような傲慢な個人主義を生みだしているからである。そうした考え方が、自由な政治の健全な基礎となる一つの自然権としての個々人の人間としての課題を遂行する権利を覆い隠してしまっている。この権利はそれさえあれば、他の諸権利はその内容が妥当なものであるかぎり、そこから生まれてくるといった性格を持ったものなのである。だからこそ、この権利の中に義務という構成要素が不可分なものとして構築されなければならなくなるわけである。

8　自由の権利には過誤の権利が含まれる

自由（liberty）には実験的な側面があるし、実験というものには必ず試行錯誤というものがある。間違った意見でも、その時点では正しいと考える人たちがそれらの意見を正々堂々と提案できなければ、議論というものは成立しない。そうした社会的目的があるから、表現の自由権の最前線では、他人の間違いがわかっている、あるいはわかっていると考えている人たちにいわゆる「寛容」を求めている。だがここで求められるのは単なる寛容ではなく、さらに積極的なもの、つまり権威主義的に上から与える矯正によらない自己修正のプロセスの尊重ということである。

この点に関しては、間違いをおかした人は真実に到達しようと実際に努力するものだと考えられるし、そうした努力がその人が自由を主張するための根源になければならない。逆にいえば、意識的あるいは無責任に誤りをおかす権利は、道義的な権利の範疇には入らないということである。

9　権利の乱用それ自体が法律的権利を喪失させるわけではない

個人の意思として道徳的方向性が精神的に揺れ動いたとしても、法律上の保護がそれに伴って変わることはない。また個人的に権利の道義的基盤が放棄されたとしても、法律上の保護が停止されるわけではない。さらには、法律的な強制が可能であったとしても、責任ある自由の使い方がされているかぎり、その執行は望ましいことではない。というのは、強制をした場合、自由な国家の必要な要素である自由意志による自主規制がなくなり、機械的な取締りになってしまうからである。

プレスの自由をはじめ、自由の乱用を刑罰や法律上の統制によって是正しようとすることは、改革をしようとするとき自然に出てくる感情である。しかし治療にもさまざまな危険が伴うから、そうしたやり方が病気そのものとどちらが危険なのかを比較考量しなければならない。乱用という言葉をどのように定義したとしても、それこそ定義の乱用を招くだけである。悪意のある批判が公開の形でなされれば、それに対する法律の発動はおそらく是認されよう。しかし、心的内部に悪意があったかどうかを決める裁判を提起することになれば、誠実で必要な批判がより大きな危険にさらされることになり、「公開する勇気」にはさらに大きな代償が求められることになってしまう。

だがその場合にも、公開の形で発表される虚偽的で金銭によって動く悪党どもの表現が、現在のように、本来はまったく異なった目的のために用意されている「プレスの自由」の庇護を求めて行列をなす状態がつづくに違いない。にもかかわらず、プレスによる乱用の是正のための法的対応に賛成できないことには現実的根拠があるのである。

10　しかし表現の自由の乱用には法律的な許容限度がある

自由（liberty）の誤用の是正に関してすでに社会的に承認されている分野は、名誉毀損・中傷・猥褻・暴動の誘因・明確で現実的な危険がある場合の扇動などであり、そこには一つの共通した適用原則がある。発言や出版が重大で明白かつ検証できる仕方で、公認されている私権や重要な社会的利益を侵害していることがそれである。もしこの定義の中に、新しい種類の乱用が加わってくれば、それに対応できる法律的な救済対応措置が付加されてもいたしかたなかろう。しかし前述のように、法的措置に対しては原則として反対であるという立場からすれば、挙証責任は乱用の定義の適用範囲を拡張しようとする側に求められることになる。しかし以上のような主張は、現代のプレスの巨大な力によって私たちが、現実的にもこれから起こり得ることとしても、あらゆる種類の新しい誤用の登場という事態に直面している今日、社会が何もしなくてもいいと言っているものではない。

今日では、自由の享受における公共的責任の問題がさらに追求されるようになり、どの程度までプレスの機能が公共の利益という観点にしばられるのかということが議論されるようになってきた。積極的にする誤った行為だけではなく、プレスの発表内容に欠けている、あるいは適切でない部分があれば、それが今日では人びと全体の福祉に関係する問題であると考えられるようになった。したがって、これまでの表現の自由には表現を控えるという自由（freedom）が含まれていたのだが、プレスにとって、そうした自由（liberty）のとらえ方ではもはや完全ではない時代になっているということである。

11　公共の利益に資すべきプレスの活動

すでにこの「補論」の冒頭（第1節）で考察したように、プレスの仕事にはすべて消費者の利益との関わりがある。だが、消費者に自由があるかぎり、発信者の自由が保護されることで、その消費者の利益も保護される。しかし今日では、消費者の自由に影響を及ぼす条件が根本的に変わってきている。プレス所有の集中化が進行してきたので、現在ではニュースや意見の流れは発信段階で形式が決まってしまい、その種類も限られてきている。同時に、消費者の要求事項も増えてきた。消費者は思想や感情の世界に個人としてアクセスするときも、公共問題の判断に市民としての役目を果たす材料を得るときも、提供されるニュースの質・バランス・範囲に左右されざるを得ない。世論が内外政策決定の一要素になっているような社会では、こうした実情に重大な関心を持つべきであろう。

プレスにとって公共的責任に関する質的に新しい時代が明らかに到来している。プレスの活動が、その発行者による意向だけでおこなわれていていいのかという検討を早急に始めねばならなくなっているということである。思想家が自分の意見を述べる道義的かつ法律的権利はいかなる場合でも完全に保全しなければならない。この権利はあらゆる自由な社会生活の中心となる個人主義の核心をなすものだからである。しかしこの権利に含まれる義務の要素については新たな検討を加える必要がある。消費者が十分かつ汚染されていない精神的な糧を得る必要が増大してきているが、それは消費者にもそれを摂取する義務があるということでもある。そしてその義務があるからこそ、消費者の利益が「権利」という尺度で守られることになる。人びとには、その利用することができるニュースに対して道義的権利を主張できる正当な根拠がここから出てくるわけである。

消費者には消費しないという自由はもはやなく、さらには必要なものは既存のプレス機関からしか入手できないから、発行者の自由を守るだけでは消費者とその生活社会の自由が自動的に十分保全されることにはならない。したがって、この分野における自由放任（laissez faire）政策の一般的採用には再考が必要だということになる。

12　責任の果たせるプレスと責任のとれるコミュニティ

最近、最高裁判所がニュース報道に関する判決で認めたように、今日のプレスには情報を一般に伝えるという責任がある。この責任にはコモンキャリアー（公共伝送手段）とか管財人のそれと類似している面があるが、この両者との類似はすべての点にいえるわけではない。類似性という点では、プレスのそれは実験的な創意工夫をおこない、そのメリットと危険の両方を引き受けながら、社会的責任の遂行という手段としても必要な公共的機能を果たしている私立学校のような教育組織により似た側面がある。このような類似を考慮すれば、プレスにとって、ある程度の公共的監視と協力、さらには、場合によっては規制というものが将来の方向として示唆されるのではなかろうか。

市民に対するプレスサービスの質のよしあしという全体的な責任についての議論を避けて通るわけにはいかない。また人びとの「共同生活社会」としてのコミュニティは自由な社会としての自身の存在が左右されかねないような究極的な責任を他の機関に全面的に委ねるようなこともできないのである。

同時に、プレスの活動成果を質的に改善していこうとする主要な推進力は発行者の側から出てこなければならないといえる。プレスの提供情報の水準の高さについてはプレスの側の意識的な目標によるとともに公共的事情や必要を勘案すべきだが、そうした水準はプレス自体によって自己管理されるべきものであろう。これは、「人びとの生活社会がプレスのあるべき目的として求めるものをプレスが自身の目的として取り入れるべきである」という意味である。そして乱用の是正については、自主的是正に合理的かつ現実的な希望が持てるかぎり、実現できそうにないことを書き連ねた口先だけの倫理綱領に準拠するということとは違う形での、外部の力ではなく自発的な矯正によることが望ましいということである。

それではこのことはどのようにして実現できるのか。またどうしたらプレスの目的を生活社会（コミュニティ）が必要とする目的に適ったものにできるのか。それはプレス自身が現在のような私企業であり今後もそうあるべきだという前提でいえば、次のことを認識して行動すれば可能だということである。それには、プレス自らその維持すべき水準を定義し、それを実現することがコミュニティの関心事であり、さらにはコミュニティ・消費者・政府が同様な努力をしていることに組織的に連携して呼応していくことが求められる。

言い換えれば、プレスはまず責任のとれる批判者・要求者・奨励者の専門化した組織として活動している消費者やコミュニティの活動努力と連携していくべきだということである。くわえて、さまざまな形で以下の原則を掲げている政府による努力と連携することである。

一、政府はプレスの活動に干渉することなしに、プレスが公益の増大に貢献するような方向での諸条件の改善をすることが望ましい。そのことは、情報伝達をいっそう広くかつ誰にもアクセスできるようにすること、思想の自由な交流を妨げるものを取り除き、誤解を少なくして公共の討論が現実に基づいておこなわれるようその質的向上を図ることなどが挙げられる。(注4)

二、新しい種類のプレスの乱用の登場を防ぐには、以上で強調してきたようなことに留意しながら、法律上の是正策や予防策を講ずることも一助となるであろう。こうした法律上の措置は、その性質上、自由を奪うものではなく、高速自動車道から酒酔い運転者をなくすのに役立っているような種々の法律と同じく、誠実なプレスの活動や評判を高めるうえで障害になるものを取り除いて、自由を拡大する手段となるものである。

三、政府は私企業に代わる機関としてではなく、ニュースの補完機能を果たすものとして、プレスの論評や報道の分野に参加してもいいし、またそうすべきであろう。そうすることによって、政府は民間企業同士の競争に質的向上をもたらすことができるであろう。私たちの経験では、民主的な政府とは、政府自身が公開討論の対象となるものであり、それが討論を統制したり規制したりすることは許されないのだが、発展しつつあるプレスのもつ教育その他の非営利的可能性という観点に鑑みて、民衆による政府が民衆のための強力な道具（instrument）でもあるべきだとする考え方に驚きはないであろう。

13 プレスの自由の結論的概念

以上のことから、プレスの自由について浮かび上がってくる概念は以下のように要約できよう。あらゆる自由（freedom）がそうであるように、プレスの自由には「……からの自由」だけではなく、「……のための自由」というものがある。

自由なプレスは、政府と一般社会あるいは外部・内部からを問わず、どこからの強制も受けつけない。繰り返すが、それは強制されないということであり、圧迫がないということではない。というのは、対立する勢力や思想がまったくないような活力のない状態にある社会でもなければ、圧迫を受けないプレスなどあろうはずがないからである。しかし、経済的・宗教的・社会的・大衆的・制度的圧迫がそうなりがちなように、それが継続的で、かつ事実をねじ曲げるようなものであれば、強制に近いものとなってしまう。そうなると、プレスとその利用者である公衆が団結して修復にあたるべき有用な自由から何かが失われてしまうことになる。

自由なプレスとはどのような局面においても意見表明の自由がある状態にあるもののことである。つまり、それはプレス自身の理想とコミュニティの要求とが整合され、既存技術の利用によって可能になるそうしたプレスサービスの目標を達成するための自由があるということである。こうした目的を達成するために、自由なプレスはその技術的能力・財力・内外の情報源への適切なアクセス、全国的な市場に向けた情報伝達に必要な諸施設をフル活用しなければならない。プレスはこうした市場の標準尺度として成長していかねばならないのである。

プレスには自由についての第三の観点というものがある。それは自由なプレスであれば、他の人たちに何がしかの価値のあることを伝えたいということがあるとき、それらの人たちに例外なく開かれた存在であるべきだということである。というのは、自由なプレスがその目的として価値評価される本質は、公衆に聴いてもらうべき思想や意見を公衆が聴けるように配慮することに存在しているからである。

14　原則についての今日的諸問題

第一　これまでに述べてきた理想的なプレスの自由の諸要素はそれぞれにある程度の対立点を孕んでいること。

全国的市場の標準として発展し、技術的能力をフル活用するようになったプレスも内部からの強制力を回避することはほとんど不可能である。米国のプレスの主流部分は金融界および産業界の組織と密接につながった大企業であるため、おのずから偏った企業主義から逃れることはできない。しかし自由を確保しようとするならば、こうした歪曲要因は世間に公表され、克服されなければならない。

繰り返すことになるが、プレスの成長は国家の発展に随伴するところがあるため、結果として、あらゆる意見はその価値に相当するやり方で広報されるべきだという理想からはますます遠のいていくことになる。力が集中すれば、たくさんの独立した政策の代りに一つの支配的な政策が登場し、主要な競争者の数を減少させ、プレスを持っていない潜在的な発言者の要求に応えることも少なくなる。こうした矛盾に対する完全な対処法はない。しかし多くのプレスがある程度まで、コモンキャリアーとして多様な側面を持った意見を伝える責任を自覚すれば、それ相応の救済策はあり得る。だが今日では国民の思考範囲の規模が大きくなっており、人間の精神活動を聴取するどのような機械的手だてを使っても、人間の非凡な才能による生産物のすべてを入手することはできない。また最近の広報（publicity）といわれる技術は、バランスのとれた価値認識をさせることよりも、観点の歪みをさらに拡大することを目的としているようである。広報は商業的技術であるため、最高目的として正義を掲げることはとてもむずかしいことなのであろう。

第二　プレスの自由とプレスのアカウンタビリティに関する現況理解の概念には正反対のところがあること。

後者のアカウンタビリティ（対社会責任の自覚とその実行）はコンプライアンス（法令順守）がそうであるように、自由（liberty）の幅を実質的に狭めるものではない。それによって、自由（freedom）の積極的要素、つまり「……のための自由」がおそらく促進されることになるからである。しかし何事にも制約されない自由（liberty）というものを想定する時代は去った。チャールズ・ビアードはかつて次のように言ったが、その当時の説明としてはまさにその通りであった。「プレスの自由はもともと、真実を告げるということとはほとんど、あるいはまったく関係のないものであった……初期の新聞の多くは反対の党派に対して下劣な攻撃をもっぱらとする政党新聞であった……プレスの自由とはニュース欄あるいは論説・解説欄において正義と不正義、党派性と非党派性、真実と虚偽のどちらかを決める権利のことなのである」（注5）。だが、以前はこのようなレベルでの合法的な特権であったことが、今日では社会的無責任といわれる面をもつようになった。現在のプレスはその欠陥や誤りが私的な身勝手ではすまなくなり、公共的な危険になったことを自覚しなければならない。プレスが不完全であれば、世論のバランスを壊してしまう恐れがあるからである。今日のプレスには機能として欠陥のある、もしくは全体の中の一部の真理だけを提供するといった、かつてはよく見られた人間的な自由（liberty）などはもはや許されないのである。

現況はまさにジレンマに陥りつつある。プレスは私有で自由なものにしておかねばならない、そのため人間的な誤りも犯すことがあるということではいけない。プレスはもはや過ちを犯すということに甘えているわけにはいかなくなったのだ。プレスは公共的必要性に対応しなければいけないからである。この点についても完全な解決というものはない。しかし大切なことはプレスが公共的に要請される水準を受け入れて、それに向かって努力するということである。もし道義的な権利が自覚、実行されているか、ほぼ許容できる状態にあれば、プレスは法律的な権利を求めることもできるだろう。しかし道義的権利の実行がある一定線以上に達していないようであれば、プレスが現在持っている法律的権利は国家による干渉を受ける必要が出てくるであろう。

15　恒久的な目標と多様な実行

自由なプレスは一時的な人間社会の目標ではなく、恒久的に追求されるべき目標である。というのは、プレスとは要するに、歴史のその時々の経験を迅速に自己表現したものだからである。しかもこの表現は真実に基づいたものでなければならない。プレスの内容の多くは、その日に役立つものという目的のためだけに提供されている。その意味でジャーナリストにはその場その場の技術で勝負している面があり、その作品はその一時的な興味がなくなれば消えていく運命にある。そのため、彼らの技量（workmanship）には慎重を期すということがあまり必要ではない。しかしそれこそがその日の記録報告であるから、全体の社会史の中でその日を語れる永遠の言葉となる。だからこそ、プレスは自由でなければならない。自由であることが誠実さ（veracity）を保障する一つの条件であり、その誠実さこそ人間精神の全記録に対して真摯であること(good faith)の証だからである。

同時に、プレスの自由はたしかに独立孤高の価値ではないし、あらゆる社会のあらゆる時代に同じ意味をもつものでもない。それは一つの社会の中の一つの機能であり、社会的脈絡にしたがって変化するにちがいない。それはまた全体的に安全な平時と危機の時代とでは違うものになるであろうし、また社会感情や信条の状況如何によっても違ってくるものなのであろう。

私たちが検討してきた自由は、私たちにとっては標準的かつ普遍的であると考えられるある種の公共的精神構造（public mentality）を前提としているが、それは多くの点で、私たちの特殊な歴史の所産としての精神、すなわち騒音や対立的意見の混乱に惑うこともなく、思想の評価が急に変わっても気持ちがそれほど動揺しないような精神構造なのである。しかし精神的に穏やかなときと不安感があるときとでは、事実や意見をどう受けとめるかに大きな違いが出てくる。たとえば、自分の置かれた環境に安心感があるとき、疑念や怒りにさいなまれているとき、あるいは欺かれやすい状態にあるときとか、批判できる手段を十分に与えられているとき、さらには、希望を持っているときと絶望的になっているときとでは違ってくるのである。

くわえて、消費者のほうも自分がアクセスしているプレスを自分だけで判断しなければならないときと、自分の判断が他の社会機関によって支持されているときとでは違う情報環境の下に置かれた人になる。また消費者が家庭・教会・学校、慣習によって思想や感情を解釈するさまざまな仕方に慣れ親しんでいなければ、プレスによる自由で多種多様な発言は混乱を引き起こすだけであろう。読者の精神に、そこで取扱われている対象を読み解く力がなければ、プレスの「客観性」(objectivity) などあり得ないのである。

自由なプレスが社会的意義を持つような心理的諸条件が時代と場所を超越して存在するかどうかは、常に事実の問題であって理論の問題ではない。こうした精神的諸条件はなくなることもあるだろうし、新たに形成されることもあろう。だが、いつの時代にあっても、プレス自身がそれ自身の存在価値の基礎を破壊することも建設することもできる主要な行為者の一つなのである。

ロバート・M・ハッチンス　　アーチボルト・マクリーシュ
ゼカライア・チェイフィー・Jr　　チャールズ・E・メリアム
ジョン・M・クラーク　　ラインホルト・ニーバー
ジョン・ディッキンソン　　ロバート・レッドフィールド

ウィリアム・E・ホッキング　　ビヤーズレイ・ルムル
ハロルド・D・ラズウェル　　アーサー・M・シュレシンジャー
ジョージ・N・シュスター

(注1) ここではその概要を述べることになるが、原則の定義は本委員会の委員の一人であるウィリアム・アーネスト・ホッキングが準備している特別研究報告書『プレスの自由：原則の枠組』においてなされている。それはシカゴ大学出版部から単独の書物として出版が予定されている。

(注2) 説明を簡単にするために、私たちは、たとえば「権利」、正義感、公共政策、正当な個人的利益についての信条といった表現に関する類似した要求という一連の関心の証拠として、「真実」(truth) への留意という言い方を用いることにする。このようなことのすべてを「真実」で代表させるには、私たちの検証を真実か虚偽かという観点からの対立意見の応酬がなされていた古典的な表現の自由に関する議論の仕方に近づけていく必要がある。「真実」は国家を超越したものであり、個人であろうが国家であろうが、同じように義務としてなすべき事の象徴となり得るであろう。

(注3) ソビエト憲法が一方では決められた正統性の枠組みを逸脱する思想を制限しながら、この制限内でプレスを所有していない大多数の民衆に対してプレス上にて表現を保障しようと記述している点に留意しておきたい。ソビエトの憲法（一二五条）は、「新聞の発行、用紙の保管……通信施設、その他の必要材料」は労働者とその組織の自由に委ねられると規定している。

(注4) この項で触れていることの詳細はホッキング執筆の特別研究報告書『プレスの自由：原則の枠組』(シ

カゴ大学出版部）において詳細に記述されている。

（注5）報告書『プレスの自由に関するセントルイス・ポスト・ディスパッチシンポジウム』一九三八年、一三頁を参照。

委員会出版による特別研究報告書

委員会用に作成された以下の特別研究（委員長による「まえがき」参照）がシカゴ大学出版部から出版されている、もしくは現在出版準備中である。（訳注1）

1．ハーバード大学名誉教授、哲学専攻、ウィリアム・アーネスト・ホッキング著『プレスの自由：その原則的枠組』(Freedom of the Press : A Framework of Principle)

米国民は「プレスの自由」を過去一五〇年にわたり、誇るべき社会制度として維持してきているし、英国には類似の制度が三〇〇年前からある。この期間、私たちはこの制度の運用の仕方について多くの経験を積んできた。またこの間に、プレスの力とその到達範囲や、プレス（ラジオ・映画・テレビ等を含む）が提供する情報に公衆がどのように依存しているかについてきわめて大きな変化があった。こうした変化や経験は果たしてこのプレスの自由の意味と価値を変質させたのであろうか。

もし現実状況というものが原則に影響を与えないということであれば、その答えは「ノー」となる。しかし本書の答えはそれとは反対の立場をとるものである。原則は重要であり、一定の永続的要素をもっていると私たちは主張する。しかし、社会の思潮に対して全体としてのプレスの現況がどうなっているかの再検討が今日の世界と私たちの社会状況にかんがみ緊急の課題になっていると私たちは考える。責任や改革に関する議論で、「プレスには自由がある」とつぶやくだけでは、プレスの自由が現実に世界のどこでもしばしば制限されているだけではなく、無制限であることの社会的妥当性について激しく深刻な攻撃を受けているという事実に気づかないでいることには問題があるのである。

本書ではテーマを徹底的に分析する。自由（liberty）の特定分野であるプレスの自由の問題に深く分け入る前にまず全体的な概論を展開する。いくらかの読者はそのあまりの徹底ぶりに驚くかもしれない。文体にも妥協がない。それは堅固な鉄のレールのように堅固にしてかつ有用なもので、有刺鉄線の柵で一つ一つが保護・区分されている。歩行者はそこで休みたくなるような気分に誘われるが、その区分は議論が次の話題に移るときだけのしばしの休息の場にすぎない……。むずかしい思索を好まない読者には本書からはじめるよりも他の関係書籍から入ることのほうがいいかもしれない。

逆に言えば、筆者は先学の業績や著作を切り貼りしたり要約して本を書いたわけではないということである。歴史の大枠とあらゆる偉大な理想が保有する社会的相対性を考察するとともに、プレスのあらゆる実務面を共感とともにとらえ、プレスのあらゆる課題に精通したうえで本書は書かれている。筆者がこうした社会の指導的思潮の在り方を追究するのは現在と将来における実際のプレスを慮ってのことである。本委員会の何人かのメンバーはいくつかの点で本書の分析とはその見解を異にしており、そうした部分に関し筆者との議論をおこなった。本書にはその内容も付記してある。

2. ハーバード大学法学部教授、ゼカライア・チェイフィー・Jr著『政府とマスコミュニケーション』全二巻（Government and Mass Communications）

（a）議論を制限したり抑えたりするための政府権力の使用、（b）より良く、より包括的なコミュニケーションを促進するために肯定される政府の行動、（c）コミュニケーションの当事者としての政府、というマスコミュニケーションに対する政府の三つの局面からの関係を検証する総合的研究である。

本書が対象とするのは平時におけるプレスに対する政治的・法律的規制の全分野であり、とりわけ現行の立法・司法・行政の在り方を変更するための提案がなされているいくつかの分野に留意している。名誉棄損、誤りが公表された場合の法的訂正、郵便物配達除外命令と第二級特権の拒否、情報源開示命令、団体交渉要請権、メディア産業に適用される反トラスト諸法がそれである。本書には、これらの問題の多くに関する筆者の勧告を収録している。また、内外情報の送信者としての政府の戦時経験を検証する特別編にも、平時における望ましいこうした機能の在り方についての言及がなされている。

3．一九四六年度委員会事務局次長ルウェリン・ホワイト、事務局長ロバート・D・レイ共著『諸民族間の対話』(Peoples Speaking to Peoples)

国際マスコミュニケーションの総合的研究。（a）物理的な送信システムの改善、（b）国境を超えて言語とイメージの自由な流れを制限する政治・経済的障害物の縮小、（c）正確性・描写の特徴、言語とイメージの質の改善という委員会の三つのプログラム目標に基づき、筆者は音声・ファクシミリ新聞の無線送信・通信社連合・国際分野における書籍や雑誌の新しい技術や設備を含む、国際コミュニケーションのための物理的施設やプロセスについて検討する。またテレコミュニケーション施設の合併についての多国間あるいは二国間における障害の減少と情報への自由なアクセスを保障するための条約、書籍や音声放送分野における輸出連合、物理的な伝送の規定と情報に関する政治経済的な制限の減少ならびに自由なプレス条約の違反の調査を目的とする国際機関などの提案を検証する。こうした項目に関する特別の勧告をおこない、諸民族間のコミュニケーションの全分野が十分にカバーされることを保障する政府と産業界のプログラムに関する提言をおこなっている。

4．一九四七年度プレスの自由委員会研究スタッフ、ワシントン大学助教授ルース・A・イングリス著『映画の自由』（Freedom of the Movies）

本書『映画の自由』は、ハリウッド映画が製作されるときの映画のコンテンツを統括する方法としての自主規制に関する研究である。自主規制の目的は六つの州や多くの都市の検閲委員会による削除や拒否、あるいは道徳的その他の圧力集団とのトラブルを未然に防ぐことである。読者が自分で思考をめぐらすことができるよう、製作綱領とジョンソン事務所（その前は長らくヘイズ事務所が担当）によるその実施要領の原理や規則について詳細に記述している。

映画はバカげている、意味がない、芸術的価値がないといった映画へのますます増大している批判に対処するための自主規制を研究し、筆者は猥褻や下劣さに陥ることなく映画の活性化を達成するための具体案を示唆し提示する。自主規制の改善のための筆者の特別な提言は、映画は生活社会の特定分野には過激すぎるとか、非宗教的な社会的価値に対する配慮が足りないといった考えをもっている人たちに読んでいただきたいものである。

5. プレスの自由委員会事務局長ルウェリン・ホワイト著
『アメリカのラジオ』（The American Radio）

四分の一世紀にわたるラジオの驚異的な普及と成長、その経済的芸術的発展、自主規制の試み、政府による規制の試み、そして消費者の態度についての物語である。筆者は放送産業に対して、その重要な知的機能の実践に関するアカウンタビリティという基準を適用し、現行の欠陥を明示、現在および将来の技術的進歩を展望したうえで確固とした改善提言をする。

6. ミルトン・D・スチュアート著、エール大学法学部教授ハロルド・D・ラズウェル序文『アメリカのプレスとサンフランシスコ会議』（The American Press and the San Francisco Conference）(注1)

一般紙や定期発行雑誌・通信社・ラジオ・映画その他の特別団体の発行物の関係者が参加して開催された、相対的立場からのサンフランシスコ会議についての体系的な研究。自由に関する肯定的概念とともに否定的な概念理解の必要性が議論され、現実のメディア活動におけるプレスの自由とアカウンタビリティの測定に不可欠な基準となる指標が提起された。この会議にはおよそ七〇の日刊紙、四〇の総合誌、四大ラジオネットワーク、五大ニュース映画社、数百の出版社が集い、その後の第一回国連会議における統計的概要や活動レベルに続く先駆け的モデルとなった。それぞれのメディア内部とメディア間の活動比較もなされている。

（訳注1）委員会がここで公告している六冊の分野別の特別研究報告書のうち、この『アメリカのプレスとサンフランシスコ会議』だけが本訳書発行の二〇〇八年時点で未刊のままである。

プレスの自由調査委員会名簿（一九四七年現在）

委　員　長　ロバート・M・ハッチンス、シカゴ大学総長

副委員長　ゼカライア・チェイフィー・Jr、ハーバード大学教授（法学）

委員

ジョン・M・クラーク、コロンビア大学教授（経済学）

ラインホルト・ニーバー、ユニオン神学校教授（倫理・宗教哲学）

ジョン・ディッキンソン、ペンシルベニア大学教授（法学）、ペンシルベニア鉄道相談役

ロバート・レッドフィールド、シカゴ大学教授（人類学）

ウィリアム・E・ホッキング、ハーバード大学名誉教授（哲学）

ビヤーズレイ・ルムル、ニューヨーク連邦準備銀行会長

ハロルド・D・ラズウェル、エール大学教授（法学）

アーサー・M・シュレシンシャー、ハーバード大学教授（法学）

アーチボルト・マクリーシュ、元国務次官補
ジョージ・N・シュスター、ハンター大学学長
チャールズ・E・メリアム、シカゴ大学名誉教授（政治学）

外国顧問
ジョン・グリアーソン、元カナダ戦時情報局総裁
ジャック・マリタン、自由フランス高等学院総長
胡　適、元駐米中国大使
クルト・リーツラー、新社会研究高等学院（哲学）

委員会事務局
事務局長　ロバート・D・レイ
事務局次長　ルウェリン・ホワイト
局員　ルース・A・イングリス
同右　ミルトン・D・スチュアート

（原注）胡適博士は一九四四年まで調査委員会委員を務めた。ジャック・マリタン氏は一九四五年二月、在ローマ教皇庁フランス大使となり、委員を辞任した。

委員会名簿（原書より）

THE COMMISSION ON FREEDOM OF THE PRESS

ROBERT M. HUTCHINS, *Chairman*
Chancellor, The University of Chicago

ZECHARIAH CHAFEE, JR., *Vice-Chairman*
Professor of Law, Harvard University

JOHN M. CLARK
Professor of Economics, Columbia University

JOHN DICKINSON
Professor of Law, University of Pennsylvania, and General Counsel, Pennsylvania Railroad

WILLIAM E. HOCKING
Professor of Philosophy, Emeritus, Harvard University

HAROLD D. LASSWELL
Professor of Law, Yale University

ARCHIBALD MacLEISH
Formerly Assistant Secretary of State

CHARLES E. MERRIAM
Professor of Political Science, Emeritus, The University of Chicago

REINHOLD NIEBUHR
Professor of Ethics and Philosophy of Religion, Union Theological Seminary

ROBERT REDFIELD
Professor of Anthropology, The University of Chicago

BEARDSLEY RUML
Chairman, Federal Reserve Bank of New York

ARTHUR M. SCHLESINGER
Professor of History, Harvard University

GEORGE N. SHUSTER
President, Hunter College

FOREIGN ADVISERS

JOHN GRIERSON
Former General Manager, Wartime Information Board, Canada

*HU SHIH
Former Chinese Ambassador to the United States

†JACQUES MARITAIN
President, Free French School for Advanced Studies

KURT RIEZLER
Professor of Philosophy, New School for Social Research

STAFF OF THE COMMISSION

ROBERT D. LEIGH, *Director*
LLEWELLYN WHITE, *Assistant Director*
RUTH A. INGLIS
MILTON D. STEWART

* Dr. Hu Shih was unable to participate in the work of the Commission after 1944.
† M. Maritain resigned February, 1945, to become French ambassador to the Holy See.

【付録】

委員会報告書・第６章の英語原文

6
WHAT CAN BE DONE

The thirteen recommendations made in this chapter reflect the conviction, stated at the beginning of this report, that there are no simple solutions of the problem of freeing the press from the influences which now prevent it from supplying the communication of news and Ideas needed by the kind of society we have and the kind of society we desire.

These recommendations have been grouped according to the source from which action must come—government (including the courts), the press itself, and the public. We consider it particularly important to lay before the press and the public the measures which each of them may take in order that the press may give the service which the country requires and which newspapers, magazines, books, motion pictures, and radio, as now technically equipped, are capable of furnishing. The more the press and the public are willing to do, the less will be left for the state; but we place our recommendations as to legal action first because freedom of the press is most commonly thought of in relation to the activities of government.

WHAT CAN BE DONE THROUGH GOVERNMENT

We do not believe that the fundamental problems of the press will be solved by more laws or by governmental action.

The Commission places its main reliance on the mobilization of the elements of society acting directly on the press and not through governmental channels.

No democracy, however, certainly not the American democracy, will indefinitely tolerate concentrations of private power irresponsible and strong enough to thwart the aspirations of the people. Eventually governmental power will be used to break up private power, or governmental power will be used to regulate private power—if private power is at once great and irresponsible.

Our society requires agencies of mass communication. They are great concentrations of private power. If they are irresponsible, not even the First Amendment will protect their freedom from governmental control. The amendment will be amended.

In the judgment of the Commission everyone concerned with the freedom of the press and with the future of democracy should put forth every effort to make the press accountable, for, if it does not become so of its own motion, the power of government will be used, as a last resort, to force it to be so.

The American people recognize that there are some things the government should do. For example, Americans place their trust in private enterprise, but they do not object to having the government run the post office. They believe in individual initiative, but they do not carry the doctrine of self-help so far as to dispense with courts of law. Though we may like to think of government merely as a policeman, we know that it does play a positive role at many points in our society and that in any highly industrialized society it must do so.

Under our system the legislature may pass no law abridging the freedom of the press. But this has never been thought to

mean that the general laws of the country were inapplicable to the press. The First Amendment was intended to guarantee free expression, not to create a privileged industry. Nor has the First Amendment been interpreted to prevent the adoption of special laws governing certain types of utterance. Nor is there anything in the First Amendment or in our political tradition to prevent the government from participating in mass communications: to state its own case, to supplement private sources of information, and to propose standards for private emulation. Such participation by government is not dangerous to the freedom of the press.

The principal aim of this section of our report is not to recommend more governmental action but to clarify the role of government in relation to mass communication.

1. *We recommend that the constitutional guarantees of the freedom of the press be recognized as including the radio and motion pictures.*

In view of the approaching advent of the broadcast facsimile newspaper and the development of the newsreel and the documentary film, constitutional safeguards for the radio and the motion picture are needed more than ever. We believe that such regulation of these media as is desirable can and should be conducted within the limitations which the federal and state constitutions now place upon the regulation of newspapers and books.[1]

In the case of motion pictures this recommendation would not abolish state boards of review; it would require them to operate within the First Amendment as interpreted by the

[1] The new constitution of Missouri protects "freedom of expression by whatever means."

Supreme Court.

In the case of radio this recommendation would give constitutional support to the prohibition against censorship in the Communications Act. It would not prevent the Federal Communications Commission from denying a license on the ground that the applicant was unprepared to serve the public interest, convenience, and necessity. Nor would it prevent the Commission from considering, in connection with an application for renewal, whether the applicant had kept the promises he made when the license was granted and had actually served the public interest, convenience, and necessity. This recommendation is intended to strengthen the prohibition against censorship, not to guarantee licensees a perpetual franchise regardless of their performance. The air belongs to the public, not to the radio industry.

2. *We recommend that government facilitate new ventures in the communications industry, that it foster the introduction of new techniques, that it maintain competition among large units through the antitrust laws, but that those laws be sparingly used to break up such units, and that, where concentration is necessary in communications, the government endeavor to see to it that the public gets the benefit of such concentration.*

We accept the fact that some concentration must exist in the communications industry if the country is to have the service it needs. People need variety and diversity in mass communication; they must also have service, a quantity and quality of information and discussion which can often be supplied only by large units.

The possibilities of evil inherent in concentration can be minimized by seeing to it that no artificial obstructions

impede the creation and development of new units. In the communications industry it is difficult to start new units because of the large investment required and because of the control of the existing units over the means of distribution.

Little can be done by government or any other agency to reduce the cost of entering the industry except to adjust governmental charges, such as tax laws and postal rates, to facilitate new enterprises, and to prevent established interests from obstructing the introduction of new techniques. Tax laws and postal rates should be restudied with a view to discovering whether they do not discriminate against new, small businesses and in favor of large, well-established ones.

As for new techniques, an invention like FM radio offers the possibility of greatly increasing quantity and diversity in broadcasting. The cost of the equipment is low, and the number of frequencies large. We believe that the Federal Communications Commission should fully exploit the opportunity now before it and should prevent any greater concentration in FM radio than the service requires.

Government can stop the attempt by existing units of the press to monopolize distribution outlets. The types of governmental action called for range from police protection and city ordinances which would make it possible for new newspapers and magazines to get on the newsstands to antitrust suits against motion picture companies which monopolize theaters. The main function of government in relation to the communications industry is to keep the channels open, and this means, in part, facilitating in every way short of subsidy the creation of new units in the industry.

The Commission believes that there should be active competition in the communications industry. It inclines to the

view that the issue of the size of the units competing is not one which can best be dealt with by law. The antitrust laws can be invoked to maintain competition among large units and to prevent the exclusion of any unit from facilities which ought to be open to all; their use to force the breaking-up of large units seems to us undesirable.

Though there can be no question that the anti-trust laws apply to the communications industry, we would point out that these laws are extremely vague. They can be very dangerous to the freedom and the effectiveness of the press. They can be used to limit voices in opposition and to hinder the processes of public education.

Since the Commission looks principally to the units of the press itself to take joint action to provide the diversity, quantity, and quality of information and discussion which a free society requires, it would not care to see such action blocked by the mistaken application of the antitrust laws. Honest efforts to raise standards, such as we suggest elsewhere in this chapter,[2] should not be thwarted, even though they result in higher costs.

Since the need for service is the justification for concentration, the government should see to it that, where concentration exists, the service is rendered; it should see to it that the public gets the benefit of the concentration. For example, the Federal Communications Commission should explore the possibilities of requiring the radio networks to increase the number of their affiliated stations and of using clear-channel licenses as a means of serving all the less populous regions of the country. The extension of radio service of the quality supplied by the networks and the maintenance and multiplication of local stations are of the first importance.

[2] pp. 92-96 below.

There are only two ways of obtaining these results: they can be achieved by the acceptance of responsibility by the industry, or they can be achieved by government ownership. We prefer the former.

3. *As an alternative to the present remedy for libel, we recommend legislation by which the injured party might obtain a retraction or a restatement of the facts by the offender or an opportunity to reply.*

The only legal method by which a person injured by false statements in the press may vindicate his reputation is a civil action for damages. The remedy is expensive, difficult, and encumbered with technicalities. Many injured persons hesitate to sue because of the "shadow of racketeering and blackmail which hangs over libel plaintiffs." [3]

The proposed remedy should operate quickly while the issue is before the public. It should lead to an increase in the practice, now common among the responsible members of the press, of voluntarily correcting misstatements. It ought to diminish lying in the press.

We are opposed to the group libel laws now under discussion in several states. We believe that an action for libel should be a civil suit brought by a person who can show that he, as an individual, was damaged by a false statement about him. We fear that, if an individual may sue or initiate a criminal prosecution, because a group he belongs to has been criticized

[3] Riesman, in Columbia Law Review, XLII, 1282, 1314-40. For a description of this remedy as well as for a more comprehensive discussion of the relation of government to the press, see the report to the Commission of one of its members, Zechariah Chafee, Jr., entitled Government and Mass Communications, to be published by the University of Chicago Press.

falsely, the law might be used to suppress legitimate public controversy.

The Commission has given extensive consideration to numerous suggested methods of reducing lying in the press by law. We insist that, morally considered, the freedom of the press is a conditional right conditional on the honesty and responsibility of writer, broadcaster, or publisher. A man who lies, intentionally or carelessly, is not morally entitled to claim the protection of the First Amendment. The remedy for press lying, however, must go deeper than the law can go. We are reluctant to suggest governmental interference with the freedom of the press; we see many difficulties of enforcement; we do not find in the present situation justification for stronger legislation than that which we here propose.

4. *We recommend the repeal of legislation prohibiting expressions in favor of revolutionary changes in our institutions where there is no clear and present danger that violence will result from the expressions.*

The Supreme Court has held that expressions urging the overthrow of the government by force are within the protection of the First Amendment unless there is a clear and present danger that these expressions will lead to violence. We believe that this sound principle is violated by the peacetime sedition clauses of the Alien Registration Act of 1940 and by the various state syndicalism acts which make it a crime to advocate the overthrow of the government by force, irrespective of the probable effect of the statements. The really dangerous persons within the scope of these laws can be reached by the conspiracy statutes and the general criminal law. As applied to other persons, which is most likely to be the case, these laws

are of dubious constitutionality and unwise. Yet only a few of the agitators who are prosecuted can succeed in getting before the Supreme Court. Consequently, so long as this legislation remains on the statute-books, its intimidating effect is capable of stifling political and economic discussion. These acts ought to be repealed.

5. *We recommend that the government, through the media of mass communication, inform the public of the facts with respect to its policies and of the purposes underlying those policies and that, to the extent that private agencies of mass communication are unable or unwilling to supply such media to the government, the government itself may employ media of its own.*

We also recommend that, where the private agencies of mass communication are unable or unwilling to supply information about this country to a particular foreign country or countries, the government employ mass communication media of its own to supplement this deficiency.

We should not think it worth while to make these recommendations if It were not for the fact that in recent years there have been increasingly strident charges that the government is exceeding its proper functions and wasting the taxpayers' money when it undertakes to inform the people in regard to its program or to supplement and correct the picture of this country which the press has projected to other parts of the world or which results from misinformation or lack of information.

Doubtless some governmental officers have used their publicity departments for personal or partisan aggrandizement. But this evil is subject to correction by normal democratic

processes and does not compare with the danger that the people of this country and other countries may, in the absence of official information and discussion, remain unenlightened on vital issues.

In addition to supplying information at home and abroad, the government has special obligations in international communications, which are elaborated in Peoples Speaking to Peoples: to use its influence to reduce press rates all over the world; to obtain equal access to the news for all; to break down barriers to the free flow of information; and to collaborate with the United Nations in promoting the widest dissemination of news and discussion by all the techniques which become available.

WHAT CAN BE DONE BY THE PRESS

The recommendations we have made for action by government, though they are minimal, could be reduced still further in the domestic field, at least, by the action of the press itself. Existing units of the press could abstain from attempts to monopolize distribution outlets; they could insist that new techniques be made available and freely used; the press could of its own motion make it a rule that a person injured by a false statement should have an opportunity to reply. We believe that these changes are bound to come through legislation if they do not come through the action of the press and that it would be the part of wisdom for the press to take these measures on its own initiative.

The communications industry in the United States is and, in the opinion of the Commission, should remain a private business. But it is a business affected with a public interest.

The Commission does not believe that it should be regulated by government like other businesses affected with a public interest, such as railroads and telephone companies. The Commission hopes that the press itself will recognize its public responsibility and obviate governmental action to enforce it.

It may be argued that the variety, quantity, arid quality of information and discussion which we expect from the press cannot be purveyed at a profit and that a business which cannot operate at a profit cannot last under a system of private enterprise. It has been said that, if the press is to continue as a private business, it can succeed only as other retailers succeed, that is, by giving the customers what they want. On this theory the test of public service is financial success. On this theory, too, the press is bound by what it believes to be the interests and tastes of the mass audience; these interests and tastes are discovered by finding out what the mass audience will buy. On this theory, if the press tries to rise higher than the interests and tastes of the mass audience as they are revealed at the newsstands or at the box office, it will be driven into bankruptcy, and its existence as a private business will be at an end.

We have weighed the evidence carefully and do not accept this theory. As the example of many ventures in the communications industry shows, good practice in the interest of public enlightenment is good business as well. The agencies of mass communication are not serving static wants. Year by year they are building and transforming the interests of the public. They have an obligation to elevate rather than to degrade them.

The gist of the recommendations in this section of our report is that the press itself should assume the responsibility of providing the variety, quantity, and quality of information and

discussion which the country needs. This seems to us largely a question of the way in which the press looks at itself. We suggest that the press look upon itself as performing a public service of a professional kind. Whatever may be thought of the conduct of Individual members of the older, established professions, like law and medicine, each of these professions as a whole accepts a responsibility for the service rendered by the profession as a whole, and there are some things which a truly professional man will not do for money.

1. *We recommend that the agencies of mass communication accept the responsibilities of common carriers of information and discussion.*

Those agencies of mass communication which have achieved a dominant position in their areas can exert an influence over the minds of their audience too powerful to be disregarded. We do not wish to break up these agencies, because to do so would break up the service they can render. We do not wish to have them owned or controlled by government. They must therefore themselves be hospitable to ideas and attitudes different from their own, and they must present them to the public as meriting its attention. In no other way can the danger to the mind of democracy which is Inherent in the present concentration be avoided.

2. *We recommend that the agencies of mass communication assume the responsibility of financing new, experimental activities in their fields.*

Here we have in mind activities of high literary, artistic, or intellectual quality which do not give promise of immediate financial return but which may offer long-term rewards. Only in

a few metropolitan areas can the citizen easily gain access to a wide variety of motion pictures and radio programs. Elsewhere discriminating, serious minorities are prisoners of the estimate of mass taste made by the industry. Motion pictures, radio programs, newspapers, and magazines aimed at these minorities may not make money at the beginning. They require a considerable investment. They do not attract capital seeking quick profits. Nonprofit institutions can do something in this field, but they should not be expected to do the whole job. The responsibility of the industry for diversity and quality means that it should finance ventures of this kind from the profits of its other business.

3. *We recommend that the members of the press engage in vigorous mutual criticism.*

Professional standards are not likely to be achieved as long as the mistakes and errors, the frauds and crimes, committed by units of the press are passed over in silence by other members of the profession. As we indicated in chapter 5, the formal organization of the press into a profession, with power in the organization to deprive an erring member of his livelihood, is unlikely and perhaps undesirable. We have repeatedly evidenced our desire that the power of government should not be invoked to punish the aberrations of the press. If the press is to be accountable-and it must be if it is to remain free-its members must discipline one another by the only means they have available, namely, public criticism.

4. *We recommend that the press use every means that can be devised to increase the competence, independence, and effectiveness of its staff.*

The quality of the press depends in large part upon the capacity and independence of the working members in the lower ranks. At the present time their wages and prestige are low and their tenure precarious. Adequate compensation, adequate recognition, and adequate contracts seem to us an indispensable prerequisite to the development of a professional personnel.

Elsewhere in this chapter[4] we shall refer to education for journalism. Here we would merely indicate that the press can do a good deal to improve the quality of its staff by promoting an intelligent educational program, both for young people and for men and women who are already at work in the field. The type of educational experience provided for working journalists by the Nieman fellowships at Harvard seems to us to deserve extension, if not through private philanthropy, then with the financial assistance of the press itself.

5. *We recommend that the radio industry take control of its programs and that it treat advertising as it is treated by the best newspapers.*

Radio cannot become a responsible agency of communication as long as its programming is controlled by the advertisers. No newspaper would call itself respectable if its editorial columns were dominated by its advertisers and if it published advertising, information, and discussion so mixed together that the reader could not tell them apart. The importance and validity of this recommendation seem to us so obvious as not to require argument. Radio is one of the most powerful means of communication known to man. With the advent of facsimile and television, it will become more powerful still. The public should not be forced to continue to take its radio fare from the

[4] pp. 99-100 below.

manufacturers of soap, cosmetics, cigarettes, soft drinks, and packaged foods.

WHAT CAN BE DONE BY THE PUBLIC

The people of this country are the purchasers of the products of the press. The effectiveness of buyers' boycotts, even of very little ones, has been amply demonstrated. Many of these boycotts are the wrong kind for the wrong purposes; they are the work of pressure groups seeking to protect themselves from justifiable criticism or to gain some special advantage. The success of their efforts indicates what a revolt of the American people against the service given them by the press might accomplish.

We are not in favor of a revolt and hope that less drastic means of improving the press may be employed. We cannot tell what direction a revolt might take; it might lead to government control or to the emasculation of the First Amendment. We want the press to be free, and a revolt against the press conducted for the purpose of giving the country a truly free press might end in less freedom than we have today.

What is needed, first of all, is recognition by the American people of the vital importance of the press in the present world crisis. We have the impression that the American people do not realize what has happened to them. They are not aware that the communications revolution has occurred. They do not appreciate the tremendous power which the new instruments and the new organization of the press place in the hands of a few men. They have not yet understood how far the performance of the press falls short of the requirements of a free society in the world today. The principal object of our report is to make

these points clear.

If these points are clear, what can the people do about them? They have, or they can create, agencies which can be used to supplement the press, to propose standards for its emulation, and to hold it to its accountability.

1. *We recommend that nonprofit institutions help supply the variety, quantity, and quality of press service required by the American people.*

We have indicated our belief that the agencies of mass communication have a responsibility to the public like that of educational institutions. We now wish to add that educational institutions have a responsibility to the public to use the instruments employed by the agencies of mass communications. The radio, the motion picture, television, and facsimile broadcasting are most powerful means of molding the minds of men. That is why we worry about their exclusive appropriation by agencies engaged in the pursuit of profit. Not that educational institutions are free from financial problems and the pressures associated with them. But the nonprofit corporation does not exist for the purpose of making profits. It is peculiarly able to enlist the co-operation of all who are interested in the cultural development of the country. Hence it can render those services which commercial enterprise cannot offer on a profit-making basis.

It can restore an element of diversity to the information and discussion reaching the public by organizing the demand for good things and by putting out good things itself. A chain of libraries, schools, colleges, and universities, together with the various religious organizations, could establish the documentary film in mass communication. A chain of educational FM stations

could put before the public the best thought of America and could make many present radio programs look as silly as they are.

The business of organizing demand requires nothing but realization of the importance of the opportunity and co-operation, to which educational institutions are notoriously averse. The business of putting out good things requires in addition a determined effort to acquire the professional skill that is needed if the efforts of nonprofit corporations are not to be scorned as the work of second-rate amateurs.

We cannot believe that nonprofit institutions will continue to fail to grasp the opportunity they have before them. It has always been clear that education is a process which goes on through the whole of life. It has always been clear that, as working hours diminished and leisure increased, a responsibility devolved upon educators to help people make wise use of their leisure. Now a new urgency is added to this duty. The world seems on the brink of suicide, and the ultimate catastrophe can be avoided only if the adult citizens of today can learn how to live together in peace. It will not be enough to educate the rising generation; the time is too short. The educators have the enormous task of trying to make the peoples of the earth intelligent now. It is fortunate that, as their task has grown greater and more pressing, technology has given them new instruments of incredible range and power.

2. *We recommend the creation of academic-professional centers of advanced study, research, and publication in the field of communications. We recommend further that existing schools of journalism exploit the total resources of their universities to the end that their students may obtain the broadest and most*

liberal training.

The importance of the field of communications does not seem to us to have been adequately recognized by the educational institutions of the country. We doubt that new professional or technical training schools should be established in this area. We do see, however, a need for centers of investigation, graduate study, and critical publication. These are, in fact, so important that without them it is unlikely that the professional practices and attitudes which we recommend to the press can ever become characteristic of the communications industry.

Preparation for work in the press seems to us to require the best possible general education. It is important that students who enter schools of journalism should not be deprived of liberal education because they have made up their minds that they want to work on the press. Few schools of journalism can develop a liberal curriculum within their own faculties. It is therefore imperative that they associate themselves as closely as possible with other departments and schools of their universities.

3. *We recommend the establishment of a new and independent agency to appraise and report annually upon the performance of the press.*

The public makes itself felt by the press at the present time chiefly through pressure groups. These groups are quite as likely to have bad influence as good. In this field we cannot turn to government as the representative of the people as a whole, and we would not do so if we could. Yet it seems to us clear that some agency which reflects the ambitions of the American people for its press should exist for the purpose of comparing the accomplishments of the press with the aspirations which

the people have for it. Such an agency would also educate the people as to the aspirations which they ought to have for the press.

The Commission suggests that such a body be independent of government and of the press; that it be created by gifts; and that it be given a ten-year trial, at the end of which an audit of its achievement could determine anew the institutional form best adapted to its purposes.

The activities of such an agency would include:

1. Continuing efforts, through conference with practitioners and analysis by its staff, to help the press define workable standards of performance, a task on which our Commission has attempted a beginning.

2. Pointing out the inadequacy of press service in certain areas and the trend toward concentration in others, to the end that local communities and the press itself may organize to supply service where it is lacking or to provide alternative service where the drift toward monopoly seems dangerous.

3. Inquiries in areas where minority groups are excluded from reasonable access to the channels of communication.

4. Inquiries abroad regarding the picture of American life presented by the American press; and co-operation with agencies in other countries and with international agencies engaged in analysis of communication across national borders.

5. Investigation of instances of press lying, with particular reference to persistent misrepresentation of the data required for judging public issues.

6. Periodic appraisal of the tendencies and characteristics of the various branches of the communications industry.

7. Continuous appraisal of governmental action affecting communications.

8. Encouragement of the establishment of centers of advanced study, research, and criticism in the field of communications at universities.

9. Encouragement of projects which give hope of meeting the needs of special audiences.

10. The widest possible publicity and public discussion on all the foregoing.

The above recommendations taken together give some indication of methods by which the press may become accountable and hence remain free. We believe that if they are carried out, press performance will be brought much closer to the five ideal demands of society for the communication of news and ideas which were set forth in the second chapter: (1) a truthful, comprehensive, and intelligent account of the day's events in a context which gives them meaning; (2) a forum for the exchange of comment and criticism; (3) the projection of a representative picture of the constituent groups in the society; (4) the presentation and clarification of the goals and values of the society; (5) full access to the day's intelligence.

Plainly, each of these five ideals will be served by more than one of our recommendations. Instead of stating those relationships in detail, we think that it will be more helpful to point out how the various recommendations will supplement each other in remedying some aspects of the press as it now exists which have constantly disturbed the members of the Commission during our investigation.

The failure of radio to reach all citizens adequately can be relieved through the licensing policy of the F.C.C., while the international coverage of American news and opinions can be extended by various measures proposed in Peoples Speaking to Peoples.

Deliberate falsifications and reckless misstatements of fact will be lessened by a new legal remedy compelling the publication of a retraction or reply and, even more, by the assumption of a greater responsibility for accuracy on the part of the press, by the readiness of newspapers and other agencies of communication to criticize one another for gross departures from truthfulness, and by periodic appraisals of press accuracy issuing from a body of citizens.

The inclination of the press to adapt most of its output to the supposed desires of the largest possible number of consumers and the resulting trends toward sensationalism and meaninglessness can be reduced by similar periodical appraisals from citizens and by the initiation of new activities for the benefit of specialized audiences on the part of the press itself as well as nonprofit institutions. In the case of radio, the quality of output can be improved through organizations of listeners in the communities and through the determination of the industry to take control of its programs out of the hands of the advertisers and their agents.

The greatest difficulty in preserving free communications in a technical society arises from the concentration of power within the instruments of communication. The most conspicuous example of this is in the ownership of instrumentalities, but the concentration also exists in the power of advertisers, of labor organizations, of organized pressure groups all capable of impairing the free interchange of news and ideas. The danger is that the entire function of communications will fall under the control of fewer and fewer persons.

Among the consequences of this concentration, the output of the press reflects the bias of owners and denies adequate expression to important elements in communities.

In order to counteract the evil effects of concentration, we have urged that newspapers and other agencies of mass communication regard themselves as common carriers of information and discussion, that the entry of new units into the field be facilitated, and that the government prevent monopolistic control of outlets by the sources of production.

Finally, members of the Commission were disturbed by finding that many able reporters and editorial writers displayed frustration the feeling that they were not allowed to do the kind of work which their professional ideals demanded, that they were unable to give the service which the community needs from the press. A continuation of this disturbing situation will prevent the press from discharging its responsibilities toward society. As remedies we have urged the press to use every means that can be devised to increase the competence and independence of the staff, and we have urged universities and schools of journalism to train existing or potential members of the press in the exercise of judgment on public affairs. In many different ways the rank and file of the press can be developed into a genuine profession.

The outside forces of law and public opinion can in various ways check bad aspects of press performance, but good press performance can come only from the human beings who operate the instrumentalities of communication.

We believe that our recommendations, taken together, give some indication of methods by which the press may become accountable and, hence, remain free. The urgent and perplexing issues which confront our country, the new dangers which encompass our free society, the new fatefulness attaching to every step in foreign policy and to what the press publishes about it, mean that the preservation of democracy and perhaps

of civilization may now depend upon a free and responsible press. Such a press we must have if we would have progress and peace.

ROBERT M. HUTCHINS
ZECHARIAH CHAFEE, JR.
JOHN M. CLARK
JOHN DICKINSON
WILLIAM E. HOCKING
HAROLD D. LASSWELL
ARCHIBALD MACLEISH
CHARLES E. MERRIAM
REINHOLD NIEBUHR
ROBERT REDFIELD
BEARDSLEY RUML
ARTHUR M. SCHLESINGER
GEORGE N. SHUSTER

注：本第６章は英語原著の 79 ～ 106 ページにある。
改行、イタリック、注は原文のままである。

【解説】

ハッチンス委員会報告書の現代的意義

大井 眞二

数年前に話題を呼んだEpic2014を引き合いに出すまでもなく、デジタル化の趨勢がメディアの景観を大きく変貌させている。われわれは、こうした時代にあって、メディア環境・構造・組織そしてオーディエンスの変容の先に、いかなる未来図を構築すべきか。この問い掛けは、今、なぜ「ハッチンス委員会（＝以下「委員会」）報告書」（現代語訳）なのか、への回答の一部をなすことになる。以下「委員会報告」を第一に歴史的コンテクスト、第二に「報告」の理論的意味、第三に、その後の影響および現代的意義の観点から議論することにしたい。

二〇世紀に入って、第一次世界大戦、大恐慌を経験した欧米の知識人にとって、デモクラシーや市場経済の価値自体に対する懐疑は一層深まることになった。デモクラシーの理想に批判的であったW・リップマンは、『幻の公衆』において、問題は市民の欠点でも政治制度の欠点でもなく、「達成不能の理想」にあることを指摘した。デモクラシーへの絶望は、特に一九三〇〜四〇年代に台頭してきたドイツとイタリアのファシズム、アメリカの不況克服の苦悩のなかで、ますます深化した。経済生活においても、市場経済の理想は大きく揺らいだ。A・A・バーリとG・C・ミーンズは、『現代企業と私有財産』において、アメリカの産業の変貌を活写し、企業所有権の個人から企業への移転、ビジネス所有と統制の分離の趨勢をあますところなく示した。

二〇世紀前半、リベラリズムとデモクラシーに対する懐疑が深まる一方で、明らかにメディアも変化し、メディアの自由の概念も変化した。ミルトン、ジェファソン、そしてJ・S・ミルに至る古典的自由論の前提は、現実のメディアの変貌に大きく揺らぐことになった。「思想の自由市場」の理想を突き崩す第一次世界大戦の戦時プロパガンダと戦後のPRビジネスの台頭、メディアのビッグビジネス化は、一方では政府のメディアへの介入・統制をもたらし、他方でメディアの集中、寡占や独占を、そしてメディア自体の権力化をもたらした。古典的な自由放任経済は、大部分の経済学者によって退けられ、現実にほとんどの現代産業国家は事実上その理論をすでに放棄していた。こうしたパースペクティブから見ると、「委員会」を起源とする「社会的責任論」は、二〇世紀におけるリベラリズムの明らかな袋小路に対する一つの対応であり、古典的自由論の修正であった。

「委員会」の社会的責任論は、一言でいえば、巨大化したメディアに対して、その自由だけでなくそれに伴う責任、アカウンタブルな自由をつねに強調するところに、その理論的特徴がある。「委員会」は、巨大なメディアの誕生によって、ニュースの「送り手」と「受け手」が分離され、それぞれの役割に固定化され、すべての人びとが自由に意見を交換するという「自由市場」原理の前提それ自体が破綻していることを鋭く指摘したのであった。

「委員会」の社会的責任論は、基本的には古典的自由論の延長線上にある理論的発展と見なすことができるが、いくつかの理論的に重要な修正を含んでいる。第一に、メディアの自由は、個人の自己表現の権利に対する政府の干渉「からの自由」、また政府を中心とした外部勢力の束縛「からの自由」、言い換えれば受動的、消極的な自由だけではなく、非常にさまざまな思想や意見に対するアクセスの「ための自由」、またある望ましい目的達成の「ための自由」すなわち能動的、積極的な自由、と捉えることの重要性の指摘である（本書第1章）。

第二に、「委員会」報告書の核心をなす哲学的基礎に貢献したホッキングが指摘するように、能動的、積極的な「ための自由」には本来的に、道徳的義務が伴っているが、現代社会にあっては、それを果たすことが難しくなっている、という視点に見ることができる（本書第1章）。巨大化し、商業化し、そして相互に連結するメディアは道徳的存在たりえなかったからであった

第三に、メディアの自由を積極的に推進するために政府の責任を、そして公衆の果たすべき役割を示唆している点に求めることができる（本書第6章）。これらの論点は、確かに古典的自由論とは一線を画すものであり、その意味で「委員会」の社会的責任論は、J・S・ミルの「最大多数の最大幸福」原理を理論的に継承する「公共の利益」を強調することによって、自由と義務や

責任が調和する観点から、メディアの自由を構想した理論といえるであろう。

最後に、ここでは詳述できないが、「委員会」報告書は、市民とコミュニティの関係を巡って、その後リバータリアニズムを含めたネオ・リベラリズム、コミュニタリアニズムの理論的考察を促したことを指摘しておこう。

ところで、「委員会」の勧告に対するメディア界の反応は、委員にジャーナリズム関係者を入れなかったことやジャーナリズム教育に対する批判、調査の哲学的・法学的方法論を含めて、当然のように決して好意的ではなかった。伝統的に政府からの自由、メディアの自由を標榜する、その意味で古典的自由論の枠組みに立つメディア界にとって、メディアの責任を強調するだけでなく政府の介入を是認しているように思える勧告は承服しがたいものであった。たとえば、「委員会」のスポンサーであった雑誌界の雄H・ルースは、確かにメディアの自由の再定義を求めた。しかし彼の主たる関心は、同委員会が触れていない問題、政府によるニュース統制の問題であった。ルースは、巨大な政府がニュースの検閲ではなく、メディアに洪水のように情報を流すことによって、ニュースとメディアを統制している状況に、非常な危機意識をもっていた。換言すれば、肥大化した政府のPR努力に支配されているメディアは、果たして自由といえるだろうか、という問題意識であった。

こうしたメディア界の反応は当然予想されたものであったが、新聞をはじめとするメディアの巨大化、集中化という現実を目の前にして、古典的自由論の主柱の一つである「自由市場原理」がすでに破綻しているのは明白な事実であった。メディアを個人と同一視することのできる時代ははるか彼方に過ぎ去り、メディアは巨大化し、集中化の傾向を示していた。かつて国家に対峙したメディアは、それ自体一つの権力となり、むしろ人びとの情報活動・表現活動を制約するようになったのである。個人がメディアと同一視される時代には、国家対メディアという対立の図式を描くことができたが、いまやこの図式は大きく変化して、国家・メディア・市民がそれぞれ頂点をしめる三極の対立構造に転換していた。「委員会」の社会的責任論は、この認識にたってメディアの問題を解決しようとしたのであり、その意味で現実的な対応であった。

しかし、「委員会報告書」は、当時のメディア界には「現実的な対応」とは見なされなかった。雑誌『フォーチュン』(Fortune、ルースの雑誌)は、「最終的な回答は、哲学者がジャーナリストになるとき、ジャーナリストが哲学者になるときに、生まれる」と書いた。「委員会報告」の理論的支柱をなすホッキングによる『プレスの自由』は、せいぜいのところ、学者の研究と見なされた。しかし、多分に「委員会報告書」の誤読に基づくメディア界の非難のコーラスにもかかわらず、大半の委員は現実には政府の干渉や規制を拒絶した。「もし政府による統制となれば、私たちは全体主義に対する自分たちの主要な防衛手段を失ってしまうことになるばかりか、全体主義に向かって大幅な一歩を踏み出すことになってしまう」(本書6頁参照)。「委員会」は、メディアの自由の行使に対する自由放任のアプローチを拒絶した。彼らは、メディアの乱用が市場の自動調整メカニズムを通じて矯正され得ると考えなかった。その代わりに、非常に多様な思想、意見を代表する私的市民から構成される委員会が設立され、メディアの活動をモニターし、乱用を公表することで、アカウンタビリティを強化すべきことを勧告した。

「委員会」によって示唆された「アカウンタビリティ」の概念は、一九五〇年代、ジャーナリズム教育者やジャーナリストによって広く読まれた『プレスの四理論』（邦訳『マスコミの自由に関する四理論』）で、T・ピータソンによって「プレスの社会的責任理論」へと再定式化され、後の時代に大きな影響を及ぼすことになった。知る権利の理論的定式化、メディア・アクセス権運動、そして近年のパブリック・ジャーナリズム運動にも、「委員会報告」の間接的な影響を辿ることができる。そして何よりも、その後に設立されたプレス評議会（press council）やニュース評議会（news council）は、部分的には「市民から構成される委員会」という「委員会」の構想の影響を受けたものであった。また多数の民間のメディア監視の機関や、二〇〇四年から始まった、コロンビア大学ジャーナリズム大学院を母体にし、ピュー慈善財団の資金提供を受けた「ジャーナリズムの卓越プロジェクト（Project for Excellence in Journalism）」の年間報告「ニュースメディアの現状」などにも、「委員会」の影響の痕跡を見て取ることができる。

しかしながら、最近一〇年ほどを俯瞰したとき、日本を含めた欧米社会では、社会制度としてのメディア、ジャーナリズムが産業化の趨勢に翻弄され、公共性やパブリック・インタレストが片隅に追いやられる、規範理論や制度論が産業論に圧倒されるような、深刻な事態が生じている。その意味で、「委員会報告書」の第2章・要請事項にある「五つの勧告」（本書二一～三二頁）や、第6章「今、何ができるのか」の「13の勧告」（本書八九～一一八頁）を今振り返るとき、十分な議論や検討がなされているとはいえない、メディアのガバナンス、アカウンタビリティ論を含めて、規範論や制度論の見直しを「委員会報告書」から始めるべき状況が生まれてきている。本書の現代的意義をそうしたところに求めることができよう。

最後に「委員会」にその名が冠せられるハッチンスについて一言したい。彼は、強力なリーダーシップを発揮した「委員会」だけではなく、一九四〇年代にもう一つの委員会を組織した。「委員会報告書」作成が大詰めに差しかかった一九四五年八月、ハッチンスは、広島への原爆投下のニュースを知り、大きな動揺と自責の念にかられる。マンハッタン計画のかなりの部分に自らが総長をつとめるシカゴ大学が関わっていたからだ。原爆投下の翌週、彼はラジオ番組で、この人類の最終兵器の拡散を防止するため、世界政府、世界憲法の構想を明らかにし、「委員会」の数人のメンバーが関わる「世界憲法起草委員会」が組織されることになった。「委員会」報告は今なお大きな影響を残しているが、彼が精力を傾けたもう一つの「世界憲法起草」は戦後史の忘却の彼方へと消え去った。

訳者による「あとがき」

本訳書の底本はプレスの自由調査委員会の事務局長、ロバート・D・レイが編集し、一九四七年にシカゴ大学出版部から刊行された以下のオリジナル報告書である。

The Commission on Freedom of the Press, (1947), *A Free and Responsible Press, A General Report on Mass Communication: Newspapers, Radio, Motion Pictures, Magazines, and Books.* Chicago: The University of Chicago Press.

これを忠実に訳せば、プレスの自由調査委員会（一九四七）『自由で責任あるプレス：新聞・ラジオ・映画・雑誌・書籍に関する一般報告書』シカゴ大学出版部、となる。報告書の「まえがき」他二か所に記載されているように、ここでいう「プレス」とは英語原文副題にある一連のマスメディアにテレビを加えたもののことで、より具体的には、「新聞・雑誌・書籍あるいはラジオ・テレビ・映画のいずれかを問わず、民衆に対し、ニュースや意見、心情や信条を伝える一切の手段」（「補論」一二一頁）のことである。本訳書のタイトルを『自由で責任あるメディア』とし、副題を「マスメディア（新聞・ラジオ・映画・雑誌・書籍）に関する一般報告書」とした所以である。委員会名についても「Commission」は単なる委員会ではなく、「調査する」という目的を持っているので、「調査委員会」とした。そのため本来的には「メディアの自由調査委員会」としたかったが、日本新聞協会による旧訳版との関係ですでに一般的になっている面があり、著作者名については「米国プレスの自由調査委員会」とした。

この調査委員会報告書はシカゴ大学ロバート・M・ハッチンス（Robert Maynard Hutchins、一八九九―一九七七）総長が委員長を務めたことから、通称、「ハッチンス委員会報告書」（Hutchins Report）といわれ、日本語版が原著発行翌年の一九四八年に、GHQ（連合軍総司令部）の協力で、日本新聞協会によって発行されている（ただし、最後の「特別研究」紹介部分は割愛）。その表題等は以下のようになっている。米國プレスの自由委員會著、日本新聞協會編集部訳『新聞の自由と責任　新聞・ラジオ・映畫・雑誌など大衆通信機関に関する一般報告書』。その中表紙には「總司令部民間情報教育局飜譯權提供」とあり、「あとがき」にも次のように記載されている。「本書の飜譯權は總司令部民間情報教育局の好意により當協會に與えられたものであるが、この飜譯權の問題に關し終始絶大な好意を以て助言と助力を与えられた民間情報教育局情報部長ドン・ブラウン氏に對して厚く感謝の意を表したい」。つまり、その前年に日本新聞協会の新規発足総会（一九四六年七月二三日）で採択された日本新聞協会倫理綱領の内容的指示をしたGHQによる日本社会の民主化

英語原本（初版）の表紙と扉

By THE COMMISSION ON FREEDOM OF THE PRESS

A FREE
AND RESPONSIBLE PRESS

A General Report on Mass Communication:
Newspapers, Radio, Motion Pictures,
Magazines, and Books

"If there is ever to be an amelioration of the condition of mankind, philosophers, theologians, legislators, politicians and moralists will find that the regulation of the press is the most difficult, dangerous and important problem they have to resolve. Mankind cannot now be governed without it, nor at present with it."—John Adams to James Lloyd, February 11, 1815.

THE UNIVERSITY OF CHICAGO PRESS
CHICAGO · ILLINOIS

Report of the Commission on Freedom of the Press

A FREE and RESPONSIBLE PRESS

With a foreword by Robert M. Hutchins

日本語版の表紙と扉

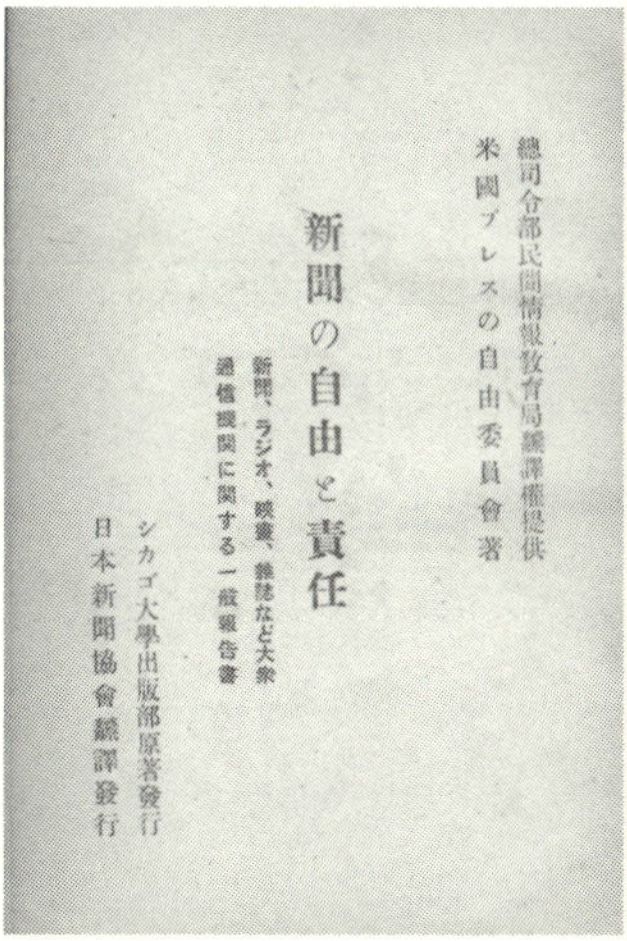
總司令部民間情報教育局飜譯權提供
米國プレスの自由委員會著

新聞の自由と責任

新聞、ラジオ、映畫、雜誌など大衆
通信機關に關する一般報告書

シカゴ大學出版部原著發行
日本新聞協會飜譯發行

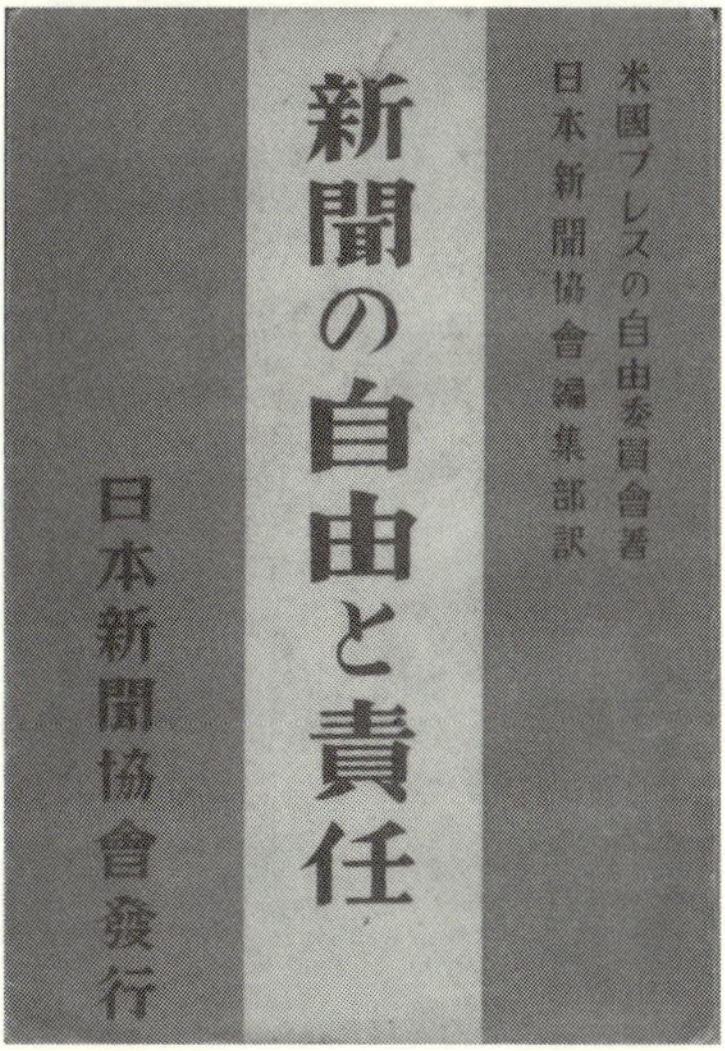
米國プレスの自由委員會著
日本新聞協會編集部訳

新聞の自由と責任

日本新聞協會發行

のための施策の一つが本報告書の日本語訳であった。それは当時の日本と日本人には抗えない力学で進行した社会改造の一環であり、ＧＨＱのメディア対策もラディカルであったということである。

じっさい、報告書の翻訳作業も同じ建物（東京市政会館）にそれぞれの組織が入居し、ＧＨＱとも密接な関係にあった共同通信社・時事通信社の関係者たちと日本新聞協会のスタッフ（津田正夫氏や江尻進氏など数名）が協力し、完成した（春原昭彦氏証言）。戦争中には英語が社会的に禁制され、敗戦後はその反対に英語に期待がかかった激変の時代におけるこの作業には困難が多くあっただろうことを想うと関係者には頭が下がる。だが、新聞協会による旧訳版は文章的にこなれてはいるものの、誤解や語調などのばらつきが目立つし、格調の高いハッチンス委員長の哲学思想の紹介にはそぐわない部分も少なからずある。そのため、いくつかの内容的修正をせざるを得なかった。

オリジナル報告書の内容では、ファクシミリ新聞やＦＭラジオ局の設置等の技術問題のその後は予測どおりの展開を見せていないし（第3章）、一般にラジオへの期待が大きい（一〇六頁）といった問題がある。しかし、たとえばテレビが「地球的規模の村落的コミュニケーションを可能にする」といった技術革命のインパクトについての洞察では、技術決定論に傾斜したマーシャル・マクルーハンなどよりも、メディア社会論に欠かせない現実的認識と理論化ならびに規範論の裏付けがしっかりとできている。本報告書の価値評価には多様なものがあり得るだろうが、危機の時代のメディアの在り方論とメディア倫理思想史の展開、さらには委員長自身が英国の王立プレス委員会（一九四七～一九四九）の顧問としてアドバイスしたことなど、世界的な影響力を持ったことに誰しも異議は差し挟めないであろう。またハッチンスが選んだ委員会参加メンバーは当時の世界を代表できる知識人たちばかりで、彼らが学界だけではなく、その後の国連活動等をとおした人権の拡大や情報の自由法制定の進展に果たした役割からも、委員会の活動じたいが高く評価されるべきメディアの社会的責任に関する古典的道標になり得たといえよう。

二〇〇三年四月に発足した同志社大学メディア・コミュニケーション研究センターが本報告書をその翻訳プロジェクトの一つにしたのは、本文の末尾にハッチンス委員長がつぎのように述べているくだりへの今日的共感であった。

「本委員会の各委員は多くの有能な報道記者や解説記者たちが失望しているのを知り驚いた。自分たちのプロフェッション（専門職業）が理想として要求するような仕事はさせてもらえない、社会がプレスに求めるようなサービスにも応えることができないと感じていたのである。このような困った状態が続くようであれば、プレスが社会にたいして果たすべき責任は遂行できなくな

ろう。」（第6章、勧告13）

現在の日本のメディアも自由市場主義の裏面であるコストカット等の経営的理由と、編集責任者によるアカウンタビリティの無自覚から同じ状況に取り込まれつつあるのではないのか。その放置はメディア界の良心的部分を蝕み、メディアが果たすべきデモクラシーの維持、向上への貢献を困難にしてしまいかねないという危惧を私たちも感じたからである。また報告書はすでに六〇年も前にそれを、「合衆国だけの問題ではなく，英国・日本・オーストラリア・オーストリア・フランス・ドイツなどの問題でもあり，またロシアおよびその勢力圏内の国々の問題でもある」（第1章）と捉えており、その先見の明に脱帽したからである。

なお、ハッチンス委員長のまとめたこの報告書本文には、委員会による膨大な調査・討議の内容を委員長本人が自らの社会倫理哲学によって短時間のうちにまとめようとしたためか、文意がとりにくい表現が何か所かあった。そうした場合にはハッチンス本人および他委員の著作や特別研究報告書を読み込み、彼らの意に沿うかたちでの訳文となるように努めた。また、手書きとタイプ打ち原稿が後で組み合わされたためであろうか、同じ項目の記述でも具体的な表現と語法が違う箇所もある（たとえば、第2章と第6章の「五つの理想的なプレスの活動」など）が、意味が同じであるかぎり、出来るだけ原文の表現を残すことにした。一般読者のために基本単語の訳語凡例を付けたが、本文内でも必要な場合にはその都度、原単語を（　）内に記すようにした。
第6章の「勧告」条項については、読者が理解しやすいように1～13の通し番号とした。さらに、この章は引用や言及されることが多く、研究者の便宜をはかるため、英語のオリジナルも本訳書に付録として付けることにした。

訳者がこのハッチンス委員会報告書にはじめて接したのは一九六七年、同志社大学大学院での鶴見俊輔先生の講義テキスト、ウィルバー・シュラム編「Mass Communications」の英語第二版（一九六〇年刊）で、本書第6章の勧告部分の要約によってであった。当時の私には、英語版と日本語版の双方ともに、その成立の背景と細部の理解を十分にするだけの力がなかった。だが、それがとてつもないスケールでのマスメディアの実態調査報告書であると同時に、メディアの自由についての理論書であること（とくに「補論」部分）、かつてマックス・ヴェーバー（一八六四～一九二〇）が提案して実行できなかった新聞の総合的研究の提案「新聞の社会学に関する調査のための『覚書』」（一九一〇年一〇月二〇日の第一回ドイツ社会学会で提案、和訳は米沢和彦『ドイツ社会学史研究』恒星社厚生閣に収録）をマスメディア全般において実現しようとした最初の実例であること、そして何よりも、ヴェーバーが社会的価値評価を避ける学問を志したアプローチとは反対にメディアの社会的在り方をアカウンタビリティとして具体的に問うと同時に、政府の責任と、公衆としてのオーディエンスの主体的参加の立場と義務を強調していることに私は惹かれた。

折に触れて自分自身の大学院の講義などでこの報告書について概説、とくに「補論」として収録されている「言論の自由」原論の持つ、そのリバタリアン的側面とアカウンタビリティ的側面の哲学的理解について考えてきた。また二〇〇四年三月にはシカゴ大学を訪れその特別コレクション研究センター（Special Collections Research Center）で、同志社大学のジャーナルに書いた論文（「メディア倫理の社会的パラダイム〜米・英・日の原初的検討から〜」『同志社メディア・コミュニケーション研究』第一号、二〇〇四年三月）の関連資料を精査した。

ハッチンスは二八歳でエール大学法学部長、三〇歳にしてシカゴ大学の学長に迎えられ、その後総長職にあった期間を入れると二二年もの長期にわたりシカゴ大学のトップとして指導性を発揮、七〇名を超えるノーベル賞受賞者を出し、規模としても全米屈指の大学に育て上げた。彼はまた、プレスの自由調査委員会だけではなく、原子エネルギーの研究開発施設も誘致し、一九四二年十二月二日にはエンリコ・フェルミらが世界で初めて核の連鎖反応に成功している。その記念碑が図書館横にあるが、シカゴ大学における核研究の目的は人類未知のエネルギー情報を政府に独占させることはあまりにも危険であり、民間で管理すべきものであるということにあった。その世界観が彼が世界政府の樹立の構想を持って活動したことにもつながっているのだが、そうした彼の活動のオリジナル資料がここのコレクションに保管されており、インデックスにして六〇ページ以上にのぼる、ボックスに分類された本報告書の関係資料もその一つであった。必要なもの二〇〇ページほどをコピーしてきたが詳細な分析は別の機会にゆずりたい。

シカゴ大学訪問の前年（二〇〇三年）の四月、先述したメディア・コミュニケーション研究センターの代表になったこともあり、本テーマでの研究を再開し、先述の論文を書き、今回このようなかたちで報告書の新訳版を出すことになった。報告書自体は分量的にたいしたものではないが近代のメディアの持つ問題の本質を衝くものであり、ハッチンスらが調査・分析した成果を旧訳を参照しながら改稿する作業は興奮を覚えるものであった。

新訳版の発行にあたり、米国ジャーナリズム史・教育史に造詣の深い、日本大学法学部教授、現・日本マスコミュニケーション学会大井眞二会長から解説をいただくことができ、報告書の歴史的位置づけがより確かなものになった。また報告書の最初の日本新聞協会発行版の経緯については、元日本新聞協会職員の春原昭彦上智大学名誉教授からいろいろご教示いただいた。それらの詳細についてもいずれ独立した文章として発表することにしたい。

この日本語版の原稿整理では岐阜大学野原仁准教授、同志社大学社会学部メディア学科生、井口千加・松本真季・山下亜梨沙の三氏、メディア学専攻院生・松尾祐樹氏、立命館大学大学院生・﨑山享子氏のお世話になった。また判断に苦しむいくつかの英語表現や固有名詞の発音確認等で唐向輝・Thomas Lapham（トーマス・ラパム）両氏に助けられた。

最後に、前回のジェームズ・カラン『メディアと権力〜情報学と社会環境の革新を求めて〜』に続き、本訳書も同志社大学メディア・コミュニケーション研究センター翻訳プロジェクトの成果として、論創社森下紀夫社長のご厚意により発行できることになった。また平塚健太郎氏には編集上のお世話になった。記して感謝する。センターそのものは二〇〇八年三月末をもって第一期の活動を終了したが、翻訳シリーズの第三弾として、デニス・マクウェール『メディア・アカウンタビリティ〜公表行為の自由と責任を追究して〜』（McQuail, Denis. 2003. *Media Accountability and Freedom of Publication*. London: Oxford University Press）も同社から近刊の予定である。

本訳書が多くの読者を得て、諸氏のご叱正、ご教示によって改訂が可能になり、日本メディアの質的向上に貢献できれば、訳者としてこれにまさる喜びはない。

二〇〇八年七月七日

渡辺武達

同志社大学新町キャンパス渓水館研究室にて

【著者紹介】

ロバート・M・ハッチンス

Robert Maynard Hutchins、1899 ～ 1977。プレスの自由調査委員会（1942 ～ 47）の委員長で、本報告書の実質的執筆者。福音教会派の信仰篤い両親のもとに生まれ、オバリン大学に入学。そこで得た「物質的繁栄だけでは幸福は得られない」という哲学を生涯貫いた。在学中に志願して第一次世界大戦の米陸軍救急班に所属し、除隊後，エール大学に編入学、のちに本報告書作成活動のスポンサーとなるヘンリー・ルース（タイム社の創設者）と同級生となる。請われて 30 歳でシカゴ大学学長となり、報告書発行時は総長。社会は主権国家がせめぎ合う対立の時代から国境を超える融和の世界、世界国家に向かいつつあると考え、国連の強化案に賛同、そうした方向を示す人びとへの教育機関の役割をプレスは果たすべきだと考えていた。その一方で、国家が原子力開発の秘密情報を独占することを許さず、第二次大戦中、シカゴ大学でその研究開発をおこなうという政治性も持っていた。そうした活動から得た幅広い人脈が委員会メンバーにも生きている。

【訳者紹介】

渡辺　武達（わたなべ・たけさと）

1944 年、愛知県生まれ。現在、同志社大学社会学部教授。ハーバード大学客員研究員（2001 年）、同志社大学メディア・コミュニケーション研究センター代表（2003 ～ 07 年）。専攻はメディアの倫理、国際コミュニケーション論。著訳書に、『テレビ――「やらせ」と「情報操作」』（三省堂、1995 年）、『メディアと情報は誰のものか』（潮出版社、2000 年）、『グローバル化と英語革命――ジャパリッシュのすすめ』（論創社、2004 年）、“A Public Betrayed.”（『裏切られた大衆』(2004 年、英文で、米国 Regnery 刊、A. Gamble と共著)、監訳にジェームズ・カラン『メディアと権力』（論創社、2007 年）など多数。訳書の近刊に、デニス・マクウェール『メディア・アカウンタビリティー』（共訳、論創社）を予定している。

自由で責任あるメディア ― 米国プレスの自由調査委員会報告書

2008年10月20日　初版第1刷発行
2014年 4 月10日　初版第2刷発行

著　者　米国プレスの自由調査委員会
訳　者　渡辺　武達　Japanese Text ©Takesato Watanabe
発行者　森下　紀夫
発行所　論創社
東京都千代田区神田神保町2-23　北井ビル
tel 03 (3264) 5254　fax 03 (3264) 5232
振替口座 00160－1－155266
印刷・製本　中央精版印刷

ISBN978-4-8460-0692-1　C0030　Japanese Edition ©2008 Ronsosya